Reaching for the Horizon

Great Voyages of Discovery
Connecting the World

联通世界的
大航海活动

海阔天空

深圳博物馆 中国航海博物馆 编

文物出版社

图书在版编目（CIP）数据

海阔天空：联通世界的大航海活动 / 深圳博物馆，中国航海博物馆编.--北京：文物出版社，2024.1
ISBN 978-7-5010-8203-2

Ⅰ. ①海… Ⅱ. ①深… ②中… Ⅲ.①航海－文物－中国－图集 Ⅳ. ①K875.32

中国国家版本馆 CIP 数据核字（2023）第 184636 号

审图号：GS（2024）209 号

海阔天空——联通世界的大航海活动

编　　者：深圳博物馆　中国航海博物馆

责任编辑：王　伟
责任印制：王　芳

出版发行：文物出版社
社　　址：北京市东城区东直门内北小街 2 号楼
邮　　编：100007
网　　址：http://www.wenwu.com
经　　销：新华书店
印　　刷：雅昌文化（集团）有限公司
开　　本：889mm × 1194mm　1/16
印　　张：20.5
版　　次：2024 年 1 月第 1 版
印　　次：2024 年 1 月第 1 次印刷
书　　号：ISBN 978-7-5010-8203-2
定　　价：568.00 元

展览工作团队

深圳博物馆

项目统筹：黄　琛

执行总监：杜　鹃

学术指导：梁二平　沈宇斌　沈克尼　李　飞

策展团队

负责人：李百乐

成　　员：周庭熙　王文丽　赖聪琳　饶珊轶　张旭东　王晓晨

支持团队

党政办公室：乔文杰　闫　明　王　辉

数据信息部：海　鸥　牛　飞

学术研究部：陈　坤

藏品保护部：杜　宁　岳婧津　孙南南　周加胜　李婷娴

展览工作部：冯艳平　吴玉洁

社会教育部：梁　政　李胜男　胡秀娟　罗洁仪　谢　彤　黄景惠
　　　　　　程嘉瑶　池艺云　王苑盈　黄佳妮　张　瑶

宣传推广部：朱年金

资产财务部：高文丽　吴　冰

运行保障部：罗　旋　赵旖旎　李浪鹏　唐水江

安全保卫部：杨业彬　罗礼华　刘彬彬

深圳自然博物馆筹建工作组（临）：刘红杰　史　瑶

中国航海博物馆

展览统筹：陆　伟

内容策划：崔夏梦

形式设计：周丽婷

内容辅助：王宁宁

致辞

弘扬新时代航海精神，办百姓满意的展览

——

致"海阔天空——联通世界的大航海活动"展览

中国航海历史悠久，远古海洋文明的萌芽至少可追溯到新石器时代，最迟从公元前 3 世纪起，直到 15 世纪中叶，中国的航海事业与航海技术都处于世界领先水平，这在船舶制作、海图绘制及航海技术等方面都有体现。

在船舶制造工艺方面，早在新石器时代，远古先民就已经掌握了独木舟的制作技术，这一史实也在考古出土遗物中得以印证。秦汉时期是中国古代造船业的第一个高峰期，船舶种类与行船工具更加多样，船舶结构更加复杂，出现了手摇橹、船尾舵等重要发明。到唐宋时期，船舶体积与负载量不断增大，并出现了水密隔舱技术这一变革性发明，造就了古代造船业的第二个高峰。元明时期是第三个高峰，也是最后一个高峰，大型造船厂分布多地，与造船加工配套的手工业相当发达，达到了中国古代造船史上的最高水平。在地图学方面，我国古代的地图被称为"舆图"，内容丰富，可分为舆地、城市、河渠、军事、交通等类别。中国地图学源远流长，考古发现中已有先秦时期的地图实物出土。在明朝宣德五年绘制的《郑和航海图》，是如今能够见到的最早用于航海的中国海图之一，更是当时世界上描绘航线最长的航海图。我国航海技术也是历史悠久，传承有序。在江河和近海的航行中，人们逐渐认识了风、云、雨等气象，更对潮汐现象有一定的了解。秦汉时期，人们已开始将季风规律应用于航海活动中，历史文献中也有不少通过判定星座、恒星位置来确认航线的记录，在元明时期更是进一步发展出了"过洋牵星术"，用牵星板来测量星体高度，进而确定船的位置，指导船舶行进。这些发展最终

促成了 15 世纪初期郑和七下西洋的航海壮举，其规模之大、航线之长、交流之广泛、影响之深远，可谓空前绝后。

为继承弘扬郑和团队不畏风浪开拓创新的大航海精神，进一步普及海洋知识和航海文化，推动全社会关心海洋、认识海洋，助力深圳建设全球海洋中心城市，深圳博物馆联合上海中国航海博物馆，主办了"海阔天空"展览。我们致力于通过文物展示，廓清历史，讲述故事。同时，这也是深圳博物馆推行策展人制度后的第一次尝试。希望能够充分发挥策展团队的创新力和创造力，在丰富展览内容和展陈效果的同时，通过新颖多样的研学活动，拉近展品与观众之间的距离。今后，我们将通过举办更多让百姓满意的展览，继续弘扬新时代的航海精神。

黄琛

深圳博物馆馆长

致辞

星汉灿烂，若出其里
———
寄语"海阔天空——联通世界的大航海活动"展览

人类的大航海时代自 15 世纪始。

从新石器时期第一艘船被推入水中，人类对海洋的探索从未停下脚步，并在几千年的积累后爆发出惊人的成就。在中国，伟大的航海家郑和先后七次率船队远航，开创了经过南海、印度洋自中国直通西亚和非洲的远航记录；同一时间的地球彼端，欧洲探险家们开始了空前的冒险与征服，发起向海洋的大进军。人类文明从此发生了根本性的历史转折，各大洲之间彼此封闭隔绝的状态被打破，世界在一条条航路的开辟中渐成一体，历史的崭新画卷在船橹与风帆间缓缓拉开。

本展览题为"海阔天空——联通世界的大航海活动"，以 15 至 19 世纪航海文物为载体，从航海科技、航海事件、航海贸易、航海艺术等多个维度，向观众呈现五百年间扬帆奋楫、探索未知的全球航海史。二百余件精选展品与海量文献，共同见证了人类在探索海洋的恢弘历程中革故鼎新的智慧、乘风破浪的勇气、互通有无的交流。展览以客观的视角审视过往、诠释当下：科技创新是文明进步的重要驱动力；和平与发展是永恒的时代主题；关心海洋、认识海洋、经略海洋是我们人类所应秉持的海洋意识。

本次与深圳博物馆的合作，既是出于展览"引进来""走出去"的综合考量，也是建立在当今推动海洋强国建设重要性日益凸显的现实基础上。我们以明确的展览主题、严谨的学术知识、丰富的想象力与创造力，希望为更多观众带来一场弘扬航海精神、培育海洋意识的视觉盛宴。

日月之行，若出其中；星汉灿烂，若出其里。即使时至今日，海洋依然隐藏着太多奥秘。它包容万物，同时危机四伏；它使世界彼此分离，而又紧密相连。这一个五百年、下一个五百年，航海的探索仍将继续，伴随"大海荡潏兮潜龙鲲，吐吞日月兮制明昏"的浪漫幻想，追寻人类历史文明的彼岸。

陆伟

中国航海博物馆副馆长

序言

  航海是人类的一种空间探索行为，也是生存探索行为，如同人类探索浩瀚宇宙，是希望更本质、更客观地认识自我。人类的好奇与生俱来，永远想弄清楚目之所及以外的世界。这份好奇心的原动力正是人类对自我命运的思考：我从哪里来，我将去向何处？如同远古时代人类走出非洲，充满了最原始、最本质的诉求——生存。

  继 2021 年"眼界——人类观天手段之沿革"展览，"海阔天空——联通世界的大航海活动"展览是我馆策划的自然探索系列展第二展。该展览由深圳博物馆联合上海中国航海博物馆主办，运用中西两条线索，以著名航海事件为切入点，串联介绍 15 至 18 世纪航海技术发展以及产生的影响，从中也可窥见东西方政治、文化的差异。

  人类航海行为历史久远，而真正大规模航海行为集中出现在 15 世纪到 18 世纪之间。该时期又被称为地理大发现时期。在西方，其重要动因是伴随商贸通道堵塞而产生的社会经济问题。同时代的中国正在通过打通海洋之路建立朝贡体系。在复杂社会结构和经济机制下，航海行为已不是单一活动，其背后的科技、文化、经济、政治因素既是推动力，最终也受其影响。航海家们站在历代科学巨人的肩膀上，凭借尚不准确的海图和单薄的船只，驶向苍茫未知的海洋，寻找传闻中的世界，最终联通大陆。如同潘多拉盒子，航海家们没有料想到自己也会成为后世历史发展的因。大航海活动促进现代自然科学的建立发展，推动文化、经济的交流，加剧亚洲、欧洲、美洲等的社会变革，推进全球现代化进程。大航海活动是历史必然，也开启历史新篇章。

　　随着科技发展，人类视野逐步扩大，不仅仅满足于地球表面的探索，更希望了解海洋深处的世界。生命源于海洋，凝视深海回望来路，也在探知去向。大航海时代证明了地球是圆的，深海探索时期将证明更多科学猜想。自然科学发现未知之事，科技创造未有之物，推动着人类社会一步步向前发展。

　　人类不会停止探索的脚步，一直在沿着追逐生命本质的道路奔跑。

杜鹃

深圳博物馆副馆长

目　录

前　言

　　大航海活动是指在 15 世纪初到 18 世纪的大航海时代，东西方进行远洋航行探索新航线的活动。在此时期，明朝的郑和率领庞大船队七下西洋，最远到达红海和非洲东海岸，欧洲人发现了到达亚洲和美洲的新航线，世界连成了一体。欧洲各国利用强大海上实力远渡重洋，殖民了亚洲、非洲和美洲的大片地区，掠夺了巨额财富，为其工业化奠定了坚实基础。世界在物质、科技、文化、艺术等方面的融通使得全球面貌焕然一新，但其背后是以殖民地人民的深重苦难为代价的。

　　本展览由深圳博物馆和上海中国航海博物馆联合主办，展出了 15 至 19 世纪来自五大洲 20 余国的 200 余件展品，包括海图、星盘、八分仪等珍贵文物，讲述了大航海时代及其后期助力远航的科学技术、改变格局的海上战争、流通的物资贸易和兴起的海洋艺术。

Preface

The Great Voyages of Discovery refer to the naval expeditions on which people explored new sea routes around the world in the Age of Exploration from the beginning of the 15th century to the 18th century. During this period, Zheng He led the largest fleet of vessels on seven voyages to the West, reaching as far as the Red Sea and the east coast of Africa, and Europeans discovered new routes to Asia and the Americas. Different parts of the world were brought together into one community by the new sea routes. European countries then, leveraging their strong naval power, embarked on long voyages and colonized vast regions of Asia, Africa, and the Americas, plundering immense wealth and laying a solid foundation for industrialization. The integration of resources, technology, culture, and art transformed the world, but it came at the heavy cost of suffering of the colonized people.

This exhibition, jointly hosted by the Shenzhen Museum and the China Maritime Museum, displays more than 200 exhibits from more than 20 countries on five continents from the 15th to the 19th centuries, including charts, astrolabes, octants and other precious cultural relics, telling the story of the scientific and technological advances that made possible long distance voyaging, the naval warfare that redrew the frontiers of different countries, the circulation of trade goods, and the rise of marine art, during the Age of Discovery and in the years that followed.

【一】

扬帆远航
Setting Sail
for Distant Voyages

15 世纪，东西方都不约而同地展开了大航海活动。在中国，为了宣扬明朝的国威，郑和七下西洋。在欧洲，为寻找通往香料产地——印度及东亚地区的海上航线，以及传播宗教、夺取金银资源，葡萄牙和西班牙率先开启远途航海，找到通往印度地区的航线，更意外"发现"美洲，完成了环球航行的壮举。自此，世界逐渐联通为一个整体。

In the 15th century, the East and the West both embarked on extensive maritime expeditions. In China, Zheng He made seven voyages to the West to promote the Ming Dynasty's national prestige. In Europe, Portugal and Spain were the first to embark on long-distance voyages, with the objective of finding a sea route to the spice-producing regions of India and East Asia, as well as promoting Christianity and acquiring gold and silver. They discovered sea routes to South Asia, accidentally "discovered" the Americas, and accomplished the feat of circumnavigating the globe. Since then, the world has gradually come together as a single global network.

1.1 郑和七下西洋

　　经过长期积累，我国古代造船和航海技术在明朝达到顶峰。永乐三年至宣德八年（1405～1433年），郑和带着"宣德化而柔远人"的使命，竭力以和平方式维系明朝朝贡体系，先后率船队七下西洋。船队船舶总数在200艘以上，人员逾27000人，途经东南亚、印度洋，远航亚非地区，最远到达红海和非洲东海岸，足迹遍及近40个国家和地区。其规模之大、航线之长、交流之广泛、影响之深远，可谓空前绝后。

长路漫漫

　　我国地处亚洲东部，濒临西太平洋，有漫长的海岸线与众多岛屿，是一个航海自然条件优越的国家。我国航海历史悠久，远古海洋文明的萌芽至少可追溯至新石器时代。最迟从公元前 3 世纪起，直到 15 世纪中叶，我国的航海事业与航海技术始终处于世界领先水平。

羽人竞渡纹铜钺

战国（公元前 475 ～前 221 年）
通长 12.1 厘米、通宽 11.7 厘米、柄径 2 厘米
中国港口博物馆藏

　　钺上部阴刻龙纹，下部边框线内刻三羽人竞渡纹。有学者认为，三人头顶上方或为船帆。最早的船只能使用人力。夏商时期可能已出现帆，人们由此借用风力以助船势。船帆在东汉基本定形，宋元海船一般同时张挂主帆与小帆。

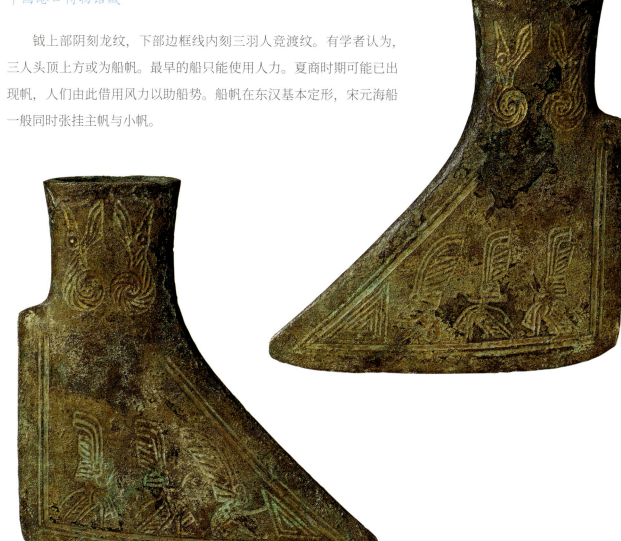

船纹铜提筒

西汉（公元前 202 ~ 公元 8 年）
通高 29.6 厘米、口径 21 厘米、耳距 24.8
厘米、底径 18.9 厘米
中国港口博物馆藏

　　盖与器身以子母口相扣合，盖顶中心饰
一八角星纹。盖和器身近口沿处、近器足处的
纹饰均以勾连菱形纹为主，上下缀以弦纹、点
纹和锯齿纹饰。腹中部刻绘四组船纹，船上其
中一羽人操持的大弧度狭长工具疑为橹。

胡人俑陶座灯

东汉（25 ~ 220 年）
通长 16.3 厘米、通宽 12 厘米、高 27.5 厘米
中国港口博物馆藏

此类胡人俑座灯是岭南地区汉墓的常见陪葬品，最早出现于西汉中期。有学者指出其面目、体型与西亚和南洋群岛的人群相似，推测为汉代达官贵人来自海外的男性家奴形象，可见海上丝绸之路上人口流动之一斑。

六棱紫水晶串饰

东汉（25 ~ 220 年）
最大颗粒直径 2.8 厘米、最小颗粒直径 0.9 厘米
中国港口博物馆藏

水晶是一种透明石英结晶体矿物，主要化学成分是二氧化硅，可分为黄水晶、紫水晶、蓝水晶、绿水晶和无色水晶等。

水晶在岭南汉墓中多有出土，但汉代岭南地区未见出产此类宝石的记录。这些水晶成为了汉代海上丝绸之路的重要物证，反映出汉代海上贸易的盛况。

20

海舶纹菱花式铜镜

金（1115 ~ 1234 年）
直径 18.5 厘米
中国航海博物馆藏

镜背图案为一艘桅杆高耸的船只在惊涛骇浪中前行，船身两侧有四道篷索，从不同方向加固桅杆，单片狭长的船帆已在风中张满，表现出满帆远航的情境。

铜鎏金胡人像

明（1368～1644 年）
长 13.5 厘米、宽 11 厘米、高 28 厘米
中国港口博物馆藏

在中外贸易繁荣的背景下，胡人于汉地经商，且多从事珠宝、香料等奇珍异宝的贸易，其形象多表现为敬献珊瑚、宝瓶、珠宝等。此类有如托物力士的胡人形象明代多见，既可见时人对异域人士的想象，又反映出其时四海升平、万国来朝的景象。

《过洋牵星图》

明 宣德五年（1430年）
载茅元仪《武备志》卷二四○《航海》
明天启元年（1621年）刻、清初莲溪草堂
重印本
中国国家图书馆藏

此图为明人茅元仪《武备志》所载《郑和航海图》后的附图，不仅是郑和船队通过观测天体进行海上导航的生动体现，更是古代天文航海术历经长期探索所获丰富经验的重要反映。

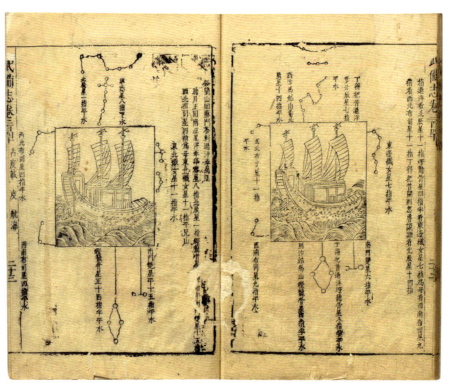

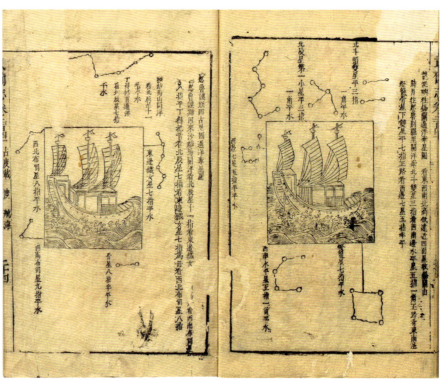

《锤锚图》

明 崇祯十年（1637 年）
载宋应星《天工开物》卷中《舟车》
明崇祯十年江西涂绍煃刊本
中国国家图书馆藏

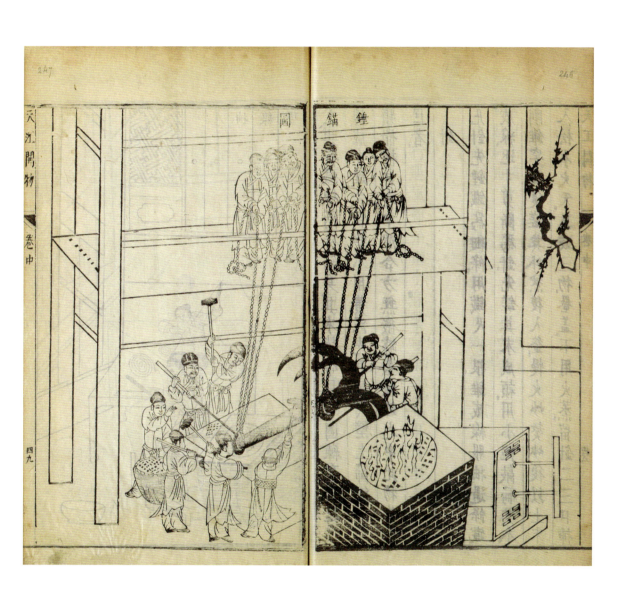

郑和下西洋与岭南

因地利之便，岭南地区自古便是海上丝路的重要一环。尤其是广州地处珠江入海口，濒临南海，最迟从汉代起便成为我国海上交通的主港，至唐代设立市舶，隋唐时期已成为东方第一大港。为推动与海外诸国的朝贡贸易，明永乐年间复设广东、福建、浙江三地市舶司，规模更以广东为最。郑和七下西洋，每必取道广东南海水域。

郑和下西洋促进了岭南社会经济发展，海洋贸易的繁荣也使岭南地区的物质文明更趋多元，广州更是中国与海外各国贸易与文化交流的桥梁。

《郑和航海图》（广东部分）

明 宣德五年（1430 年）
载茅元仪《武备志》卷二四〇《航海》
明天启元年（1621 年）刻、清初莲溪草堂重印本
中国国家图书馆藏

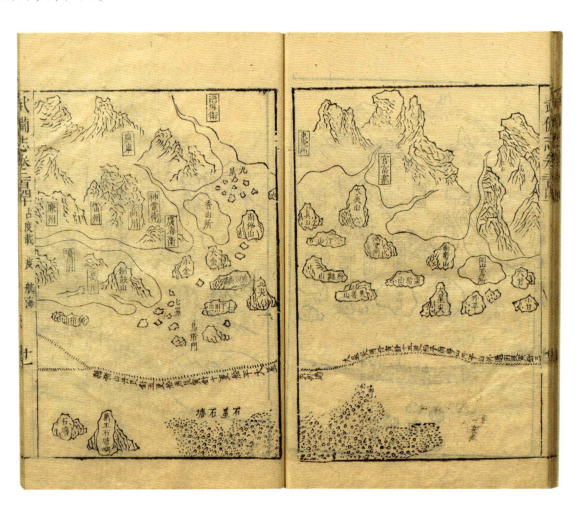

郑和铜胸像

长64厘米、宽35厘米、高86厘米
中国航海博物馆藏

木雕郑和像

明（1368～1644年）
长20.5厘米、宽18厘米、高40厘米
中国港口博物馆藏

　　郑和是明代著名的航海家，活跃于永乐、宣德时期。无论在中国史还是世界史上，郑和七下西洋都是影响深远的事件之一。15世纪上半叶，中国拥有当时世界上最强大的海上力量，中国的造船技术和航海能力是世界上其他国家都无法企及的。

郑和七下西洋航线图

长22.5厘米、宽16.5厘米

图片来源:《世界历史地图集》,中国
地图出版社,2002年

福船模型

长 188 厘米、宽 48 厘米、高 155 厘米
中国航海博物馆藏

福船是福建、浙江沿海一带尖底海船的统称，其甲板平整，底尖上阔，船下作贯通首尾的龙骨，且多设水密隔舱，船只吃水更深，提高了抵御风浪、安全远航的能力。一般认为，郑和下西洋船属福船或沙船类型。

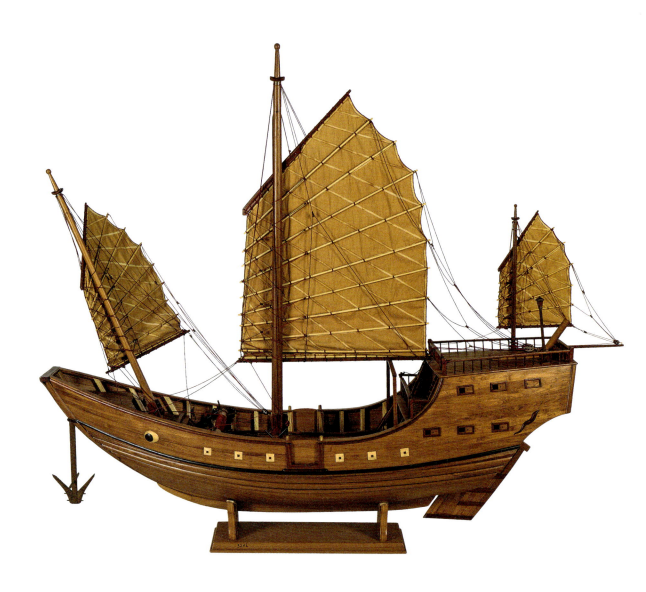

马来西亚的郑和庙与"三保井"

《瑞应麒麟图》

明 永乐十二年（1414 年）
台北故宫博物院藏

榜葛剌国（今孟加拉国）是郑和下西洋必经之地，该国从阿拉伯人手中得到一种长颈的动物。永乐十二年（1414 年），该国使者随郑和船队来到南京进献，明成祖认其为"麒麟"，十分喜悦，令画师作此图。

金锭（复制件）

明 永乐十四、十七年（1416、1419 年）
左长 13 厘米、宽 9.8 厘米、厚 1 厘米
右长 14 厘米、宽 10 厘米、厚 0.8 厘米
湖北省钟祥市明梁庄王朱瞻垍墓出土
原件藏于湖北省博物馆
中国航海博物馆藏

铭文分别为"随驾银作局销镕捌成色金伍拾两重作头季鼎等匠人黄关弟永乐拾肆年捌月日"与"永乐十七年四月日西洋等处买到八成色金壹锭伍拾两重"。所载时间与郑和第五次下西洋的时间完全吻合，应系从西洋各国买回后重新熔铸而成。

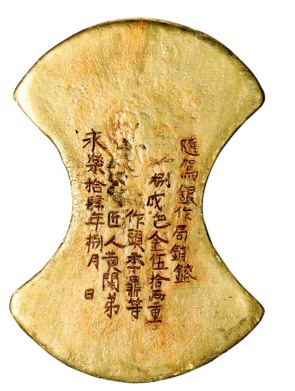

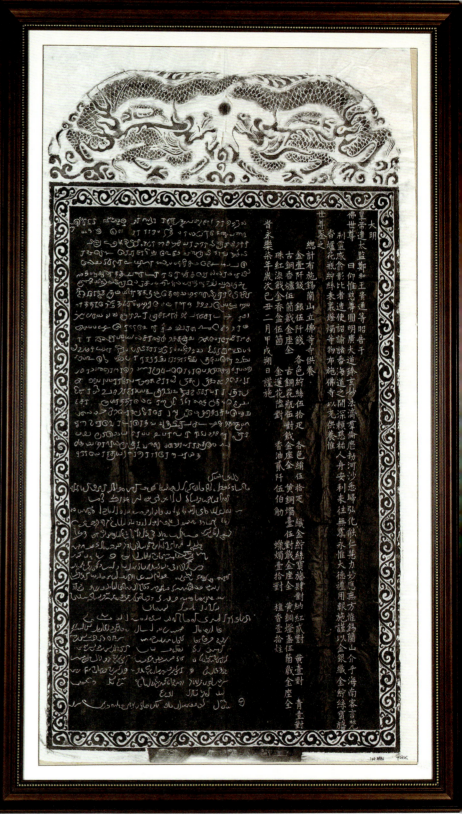

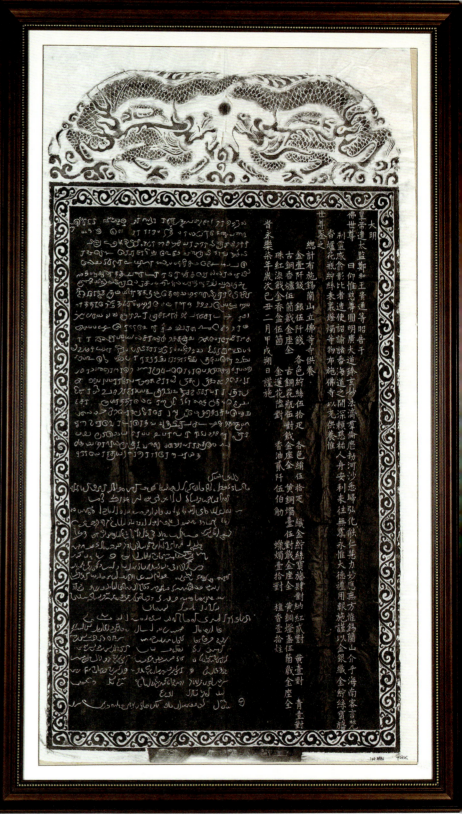

《布施锡兰山佛寺碑》拓片

长 146 厘米、宽 77.5 厘米、高 11.5 厘米

原件藏于斯里兰卡科伦坡国家博物馆

中国航海博物馆藏

1911 年发现石碑于斯里兰卡南部港口城市加勒。该碑立于永乐七年（1409 年），正面从右至左、从上至下分别有中文、泰米尔文、波斯文三种阴刻文字，记载了郑和赴锡兰（今斯里兰卡）向岛上寺庙布施财物供奉佛祖之事。这是海外仅存的记载郑和下西洋事件的石碑。

《天妃灵应之记碑》拓片
（复制件）

长 164 厘米、宽 80 厘米
中国航海博物馆藏

　　此碑为明宣德六年(1431
年)郑和第七次下西洋之前寄泊
福建长乐时，与王景弘、洪保等
为祭祀天妃而立。碑文记述了在
长乐修建庙宇、立碑、铸造铜钟
诸事，颂扬天妃佑护之功，还提
及前六次下西洋的经历。

印尼郑和下西洋纪念邮票

2005 年
长 23.5 厘米、宽 12.5 厘米
中国航海博物馆藏

　　由 14 张面值为 2500 卢比的邮票组合而
成，总面值为 35000 卢比。

1.2 哥伦布西行"发现"美洲

　　15 世纪中期开始，奥斯曼土耳其帝国控制了香料贸易的陆上交通要道，欧洲人不得不寻求到达印度地区的海上航线。克里斯托弗·哥伦布（1451 ～ 1506 年，意大利航海家）跟当时欧洲受过教育者的主流看法一样，相信地球是圆的，从欧洲向西行也能到达印度。1492 年，他在西班牙国王的赞助下，率船队从西班牙出发向西横渡大西洋，到达了他以为的印度——实际上的美洲（后来美洲被欧洲人称作西印度，东南亚被称为东印度，以示区分）。这是欧洲人首次"发现"美洲。西班牙由此成为海上强国，拉开了欧洲各国殖民美洲的序幕。

哥伦布船队航线图

长 33.5 厘米、宽 22.5 厘米
图片来源:《世界历史地图集》，
中国地图出版社，2002 年

冰　洋
新瓦尔巴群岛
伦支 (1596–1597)
罗比 (1553)
新 地 岛
阿尔汉格尔斯克

北美洲

斯特丹

欧　洲

亚　洲

中华人民共和国

北京

太　平　洋

洲

印度

卡利卡特

柯钦

达·伽马 (1499)

加布拉尔 (1500)

苏门答腊岛

婆罗州

麦哲伦 (1521)

加罗林群岛

蒙巴萨

罗安达

莫桑比克

马达加斯加岛

毛里求斯岛

爪哇岛

塔斯曼 (1644)

新几内亚岛

所罗门群岛

图瓦卢群岛

萨摩亚群岛

斐济群岛

新荷兰
（澳大利亚）

大　洋　洲

好望角

麦哲伦同伴 (1522)

印　度　塔斯曼 (1642)　洋

塔斯马尼亚岛

洲

哥伦布船队航线

克里斯托弗·哥伦布镀金立像

19 世纪晚期
长 21 厘米、宽 17 厘米、高 48 厘米
中国航海博物馆藏

　　该雕像是西班牙国王为纪念哥伦布发现新大陆400周年，请名匠依哥伦布肖像画而作。

克里斯托弗 · 哥伦布油画画像

长 87 厘米、宽 76 厘米
中国航海博物馆藏

克里斯托弗 · 哥伦布雕像

长 67.7 厘米、宽 48.2 厘米、高 78.8 厘米
中国航海博物馆藏

"圣·玛利亚"号模型

长 116 厘米、宽 31 厘米、高 88 厘米
中国航海博物馆藏

"圣·玛利亚"号是哥伦布船队旗舰，属于卡拉克型帆船。该船是哥伦布于西班牙加西利亚租来的商船，性能不佳，触礁后便结束了航海生涯，其木构件后来用于修建起第一个殖民要塞。

"尼娜"号模型

长 85 厘米、宽 22 厘米、高 88 厘米
中国航海博物馆藏

"尼娜"号是哥伦布船队快帆船，属于卡拉维尔·雷登达型帆船。该船曾随哥伦布先后航海 3 次，是 1495 年 6 月在伊斯帕尼奥拉岛飓风中唯一幸免于难的船只。其至少航行了 25000 海里，成为世界上最伟大的小船之一。

"平塔"号模型

长 105 厘米、宽 26.5 厘米、高 65 厘米
中国航海博物馆藏

"平塔"号是哥伦布船队快帆船，属于卡拉维尔·雷登达型帆船。

纪念哥伦布发现新大陆
400 年首日封

1892 年
长 22 厘米、宽 9.7 厘米
中国航海博物馆藏

"五月花"号模型

长 163 厘米、宽 64 厘米、高 143 厘米
中国航海博物馆藏

"五月花"号原本为货船，属于盖伦型帆船，在英法两国之间运送货物。后为英国清教徒所租，1620 年 9 月从英国普利茅斯港出发，11 月抵航今美国马萨诸塞州的普利茅斯港。该船于 1621 年 5 月返回英国。

1.3 达·伽马东行到达印度

　　1488年，巴尔托洛梅乌·缪·迪亚士（1450～1500年，葡萄牙航海家）受葡萄牙国王派遣计划绕过非洲南端通向印度，意外"发现"了非洲最南端的好望角，后因风暴而受阻，中途折返。此后，瓦斯科·达·伽马（约1469～1524年，葡萄牙航海家）受葡萄牙国王派遣，于1498年绕过好望角成功到达印度西南部。该航线是1869年苏伊士运河通航前，欧洲对印度洋沿岸各国和中国贸易的主要航路。

瓦斯科·达·伽马油画画像

长 76 厘米、宽 86 厘米
中国航海博物馆藏

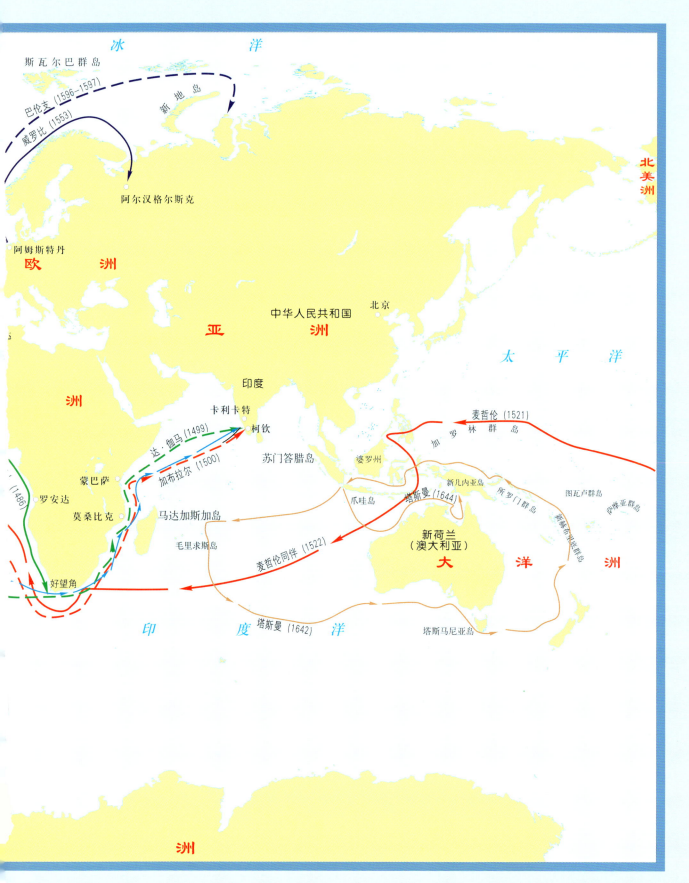

冰　　洋

斯瓦尔巴群岛

巴伦支 (1596-1597)

新地岛

威罗比 (1553)

北
美
洲

阿尔汉格尔斯克

阿姆斯特丹

欧　　洲

亚　　洲

中华人民共和国

北京

太　平　洋

洲

印度

卡利卡特

柯钦

达·伽马 (1499)

苏门答腊岛

婆罗州

加罗林群岛

麦哲伦 (1521)

蒙巴萨

加布拉尔 (1500)

(1486)

罗安达

莫桑比克

马达加斯加岛

爪哇岛

塔斯曼 (1644)

新几内亚岛

所罗门群岛

图瓦卢群岛

萨摩亚群岛

新赫布里底群岛

毛里求斯岛

麦哲伦同伴 (1522)

新荷兰
（澳大利亚）

大　　　洋　　　洲

好望角

印　　度　　塔斯曼 (1642)　洋

塔斯马尼亚岛

洲

达·伽马船队航线

达 · 伽马船队航线图

长 33.5 厘米、宽 22.5 厘米
图片来源:《世界历史地图集》,
中国地图出版社,2002 年

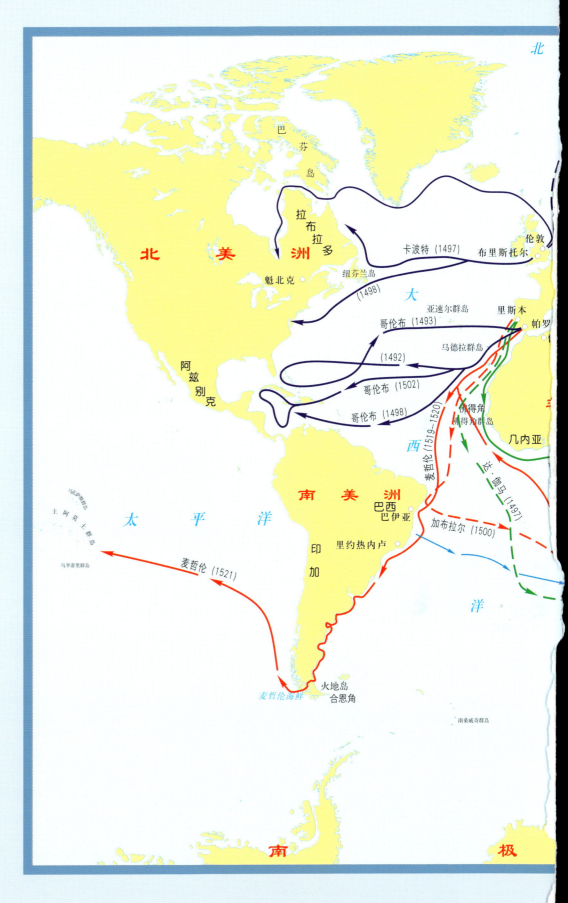

北

北 美 洲

巴芬岛

拉布拉多

卡波特 (1497)

布里斯托尔

伦敦

魁北克

纽芬兰岛

(1498)

大

亚速尔群岛

里斯本

哥伦布 (1493)

帕罗

马德拉群岛

(1492)

西

哥伦布 (1502)

佛得角

佛得角群岛

几内亚

哥伦布 (1498)

麦哲伦 (1519~1520)

阿兹别克

达·伽马 (1497)

加布拉尔 (1500)

南 美 洲

巴西

巴伊亚

洋

印加

里约热内卢

太 平 洋

马克萨斯群岛

土阿莫土群岛

麦哲伦 (1521)

马罗蒂里群岛

麦哲伦海峡

火地岛

合恩角

南桑威奇群岛

南 极

瓦斯科·达·伽马雕像

长 64.7 厘米、宽 34.5 厘米、高 79.8 厘米
中国航海博物馆藏

"圣·加布里埃尔"号模型

达·伽马率领"圣·加布里埃尔"号、"圣·拉斐尔"号、"贝里昂"号和一艘给养运输船等四艘帆船组成的小型船队，完成了东航印度。"圣·加布里埃尔"号是达·伽马船队旗舰，属于卡拉克船型。

1513 年瓦尔德泽米勒印度洋地图

长 63 厘米、宽 45 厘米
中国航海博物馆藏

该图是根据达·伽马的发现直接绘制的。

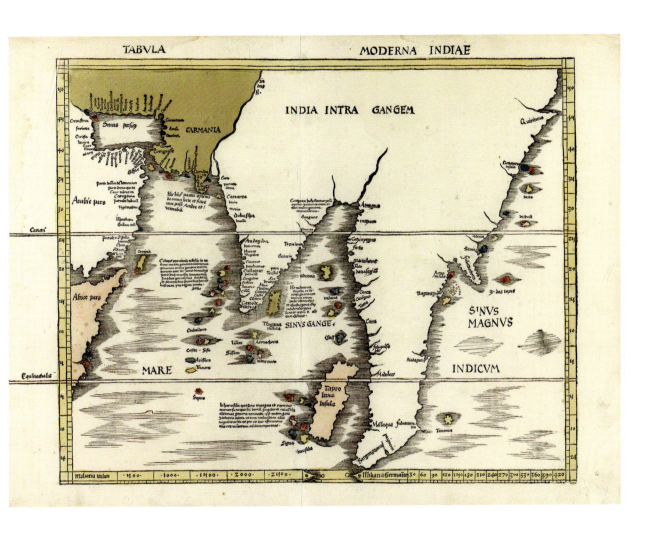

1.4 麦哲伦环球航行

斐迪南·麦哲伦（1480～1521年，葡萄牙航海家）在西班牙王室的支持下，于1519年率领200余名船员和5艘船只向西出发寻找香料群岛。虽然麦哲伦最后死于和菲律宾土著居民的冲突中，但其同伴继续航行，至1522年完成人类历史上首次环球航行。麦哲伦发现了南美洲南端联通大西洋和太平洋的海峡——麦哲伦海峡，用航海实践证明地球是一个球体。他还发现了南半球星空中的大小麦哲伦星云和南十字座。

斐迪南 · 麦哲伦油画画像

长 96 厘米、宽 78 厘米
中国航海博物馆藏

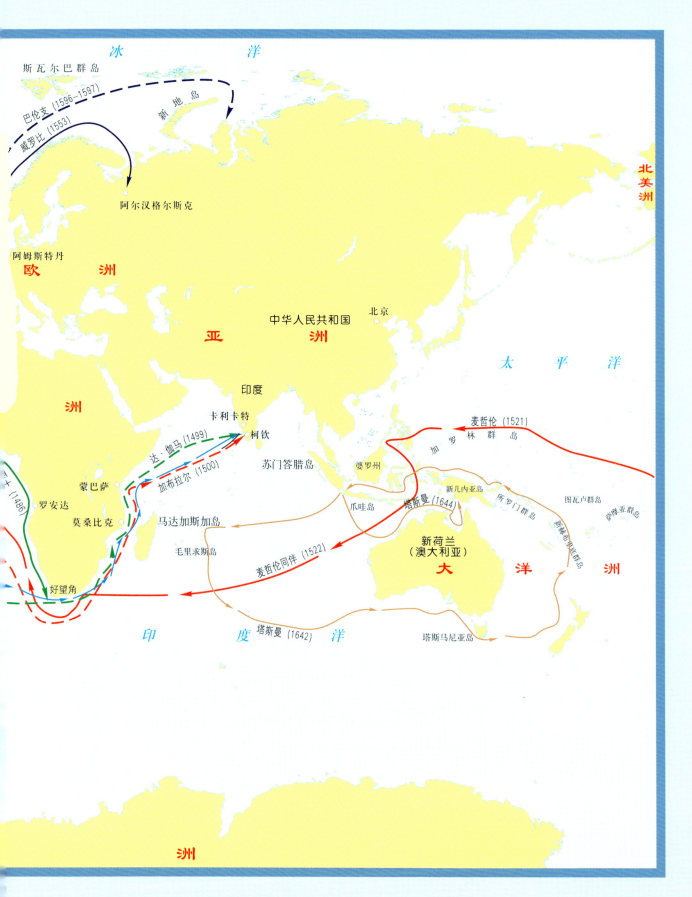

斯瓦尔巴群岛

冰　洋

巴伦支 (1596~1597)

新地岛

威罗比 (1553)

阿尔汉格尔斯克

北美洲

阿姆斯特丹

欧　洲

亚　洲

中华人民共和国

北京

太　平　洋

印度

卡利卡特

柯钦

达·伽马 (1499)

苏门答腊岛

婆罗州

麦哲伦 (1521)

加罗林群岛

洲

蒙巴萨

加布拉尔 (1500)

新几内亚岛

所罗门群岛

图瓦卢群岛

萨摩亚群岛

罗安达

莫桑比克

马达加斯加岛

爪哇岛

塔斯曼 (1644)

新赫布里底群岛

(1486)

毛里求斯岛

新荷兰
(澳大利亚)

大　洋　洲

好望角

麦哲伦同伴 (1522)

印　度　塔斯曼 (1642)　洋

塔斯马尼亚岛

洲

麦哲伦船队航线

麦哲伦船队航线图

长33.5厘米、宽22.5厘米
图片来源:《世界历史地图集》，中国地图出版社，2002年

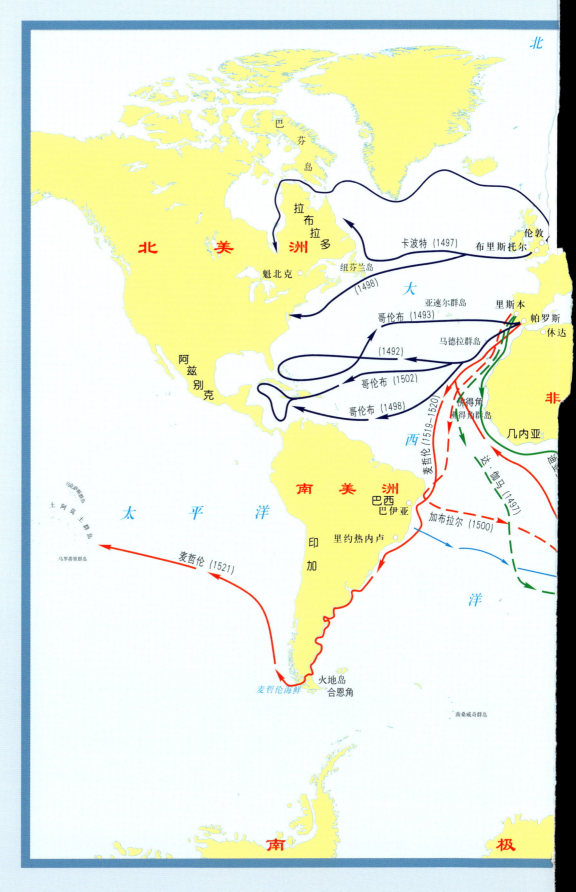

斐迪南 · 麦哲伦雕像

长 73 厘米、宽 46 厘米、高 80 厘米
中国航海博物馆藏

巴蒂斯塔·安尼斯《航海图》

1544 年

长 20 厘米、宽 14 厘米

图片来源：德国巴伐利亚州立图书馆

该图首次展示了麦哲伦环球航行的路线。

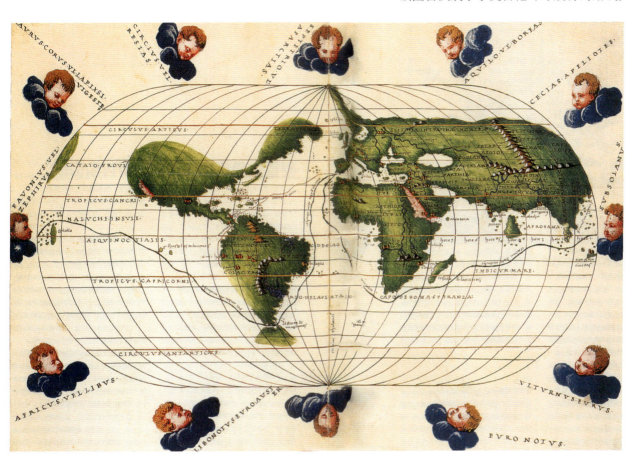

"维多利亚"号

麦哲伦率领"特立尼达"号、"维多利亚"号、"康塞普逊"号、"圣安东尼奥"号和"圣地亚哥"号等五艘船开启航海探险。其中，"特立尼达"号是船队旗舰，"维多利亚"号是唯一完成全程的船只，也是人类历史上首次完成环球航行的大帆船。

1.5 德雷克环球航行

　　佛朗西斯·德雷克（1540～1596年，英国航海家、海盗）在1577到1580年间进行了环球航行，是继麦哲伦后第二位完成环球航行的航海家。其船队在1578年因风暴偏离航线，意外发现了南美洲大陆的最南端及其与南极大陆之间的海峡——德雷克海峡，为英国找到无需经麦哲伦海峡就能从大西洋进入太平洋的航线。此航线在巴拿马运河建成前为重要的海上航线。

佛朗西斯・德雷克油画画像

长 86 厘米、宽 72 厘米
中国航海博物馆藏

"金鹿"号模型

长 120 厘米、宽 53 厘米、高 97 厘米
中国航海博物馆藏

　　该船是英国第一艘、世界第二艘完成环球航行的
帆船，属于盖伦型帆船。

"金鹿"号分解示意图

　　"金鹿"号于 1567 年在英国的普利茅斯下水首航，属于盖伦船，最初叫"鹈鹕"号。1578 年 8 月在麦哲伦海峡，德雷克将其更名为"金鹿"号，以表示对航行资助人克里斯多弗·海顿公爵的敬意（鹿是海顿公爵家族徽章图案）。后英国女王伊丽莎白一世下令将该船保存在伦敦的戴港。1660 年，"金鹿"号因腐烂而报废。

《本初子午线双球世界地图》

1590 年出版
长 56 厘米、宽 41 厘米
约多库斯·洪第乌斯
图片来源：美国国会图书馆

　　约多库斯·洪第乌斯（1563～1611年，欧洲地理学家和制图雕刻家）在该地图上描绘了德雷克环绕世界的航线。"金鹿"号被绘在地图底部中央的位置，是其唯一的图像记载。

【二】

航海利器
Maritime Tools
and Techniques

科技是远洋航行的基础。天文学、数学、航海技术、船舶制造技术等科技方面的发展，极大地助力了大航海活动。同时，大航海活动也为航海技术及仪器，如望远镜等，提供了丰富的使用场景，促进了航海科技的发展。

Science and technology are the foundation of ocean navigation. Advances in astronomy, mathematics, navigation, and shipbuilding greatly facilitated maritime activities. At the same time, maritime activities also provided abundant opportunities for the application of seafaring techniques and instruments, such as telescopes, promoting the development of navigational technology.

2.1 航海图

　　航海图是航行的必备之物。早期航海图和地图没有明确区分，常相混出现。出于航海的需要，地图不断发展与精确。这些地图展现了当时人们对世界的认知，也折射出人们对海洋的想象、希望与恐惧。

2.1.1 中世纪典型地图

　　T-O 地图和波特兰海图，是中世纪时期的代表性地图。两者截然不同的面貌，一方面折射出当时人们对自然地理的认知，另一方面反映出对海洋世界探索的技术发展与观念改变。

一、三分天下——T-O 地图

　　中世纪对于世界认识最具代表性的地图是 T-O 地图，这种地图依宗教观念将世界分为亚欧非三部分，上部为亚洲、左下部是欧洲、右下部是非洲。T 形是由横向的顿河、尼罗河和纵向的地中海组成，把三大洲围起来的 O 形代表构成世界的圆形大陆和环绕它的海洋。

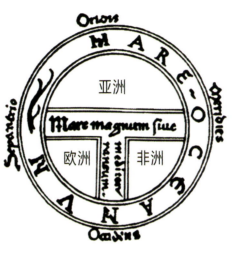

7 世纪伊西多尔 T-O 地图示意图

赫里福德地图

约 1290 年
长 1.59 米、宽 1.34 米
英国赫里福德大教堂藏

　　该图是一张著名的 T-O 地图，绘制于一张牛皮纸上，是中世纪最大、最详细的世界地图。

二、罗盘导航——波特兰海图

13世纪初期，罗盘在地中海航船中的普及，促使了波特兰海图的诞生。其以放射状网格线和表示16或32个方位的风玫瑰或罗盘玫瑰为典型特征。波特兰海图一般将各类地理要素绘制于牛皮纸或其他动物毛皮上，水域范围一般包括整个地中海和黑海、大西洋海岸，大航海时代后逐渐扩大到全世界。波特兰海图在历史上风靡了5个世纪，直至18世纪被经纬网格地图逐渐取代。

比萨航海墨线图及摹本

13世纪末期
法国国家图书馆藏

该图是今见最早的罗盘航海图，绘制精准，是真正意义上的航海图。

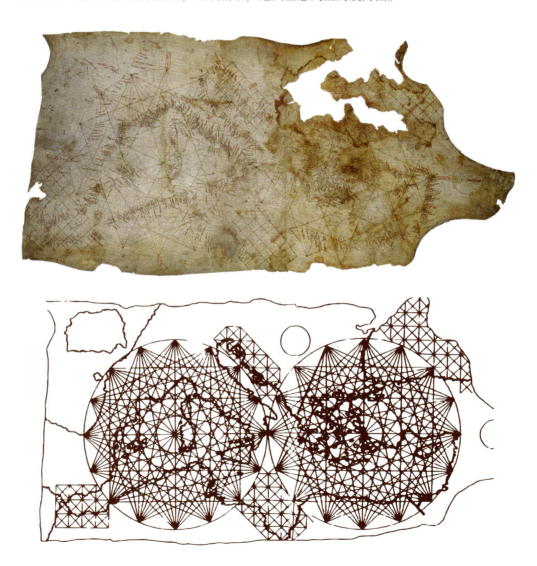

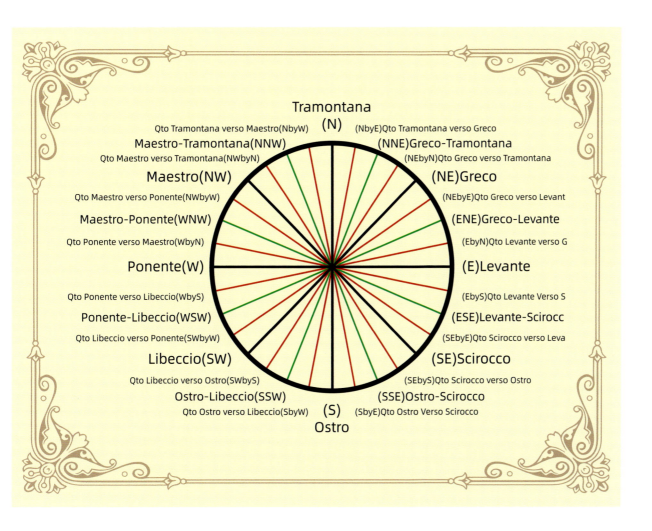

风玫瑰 32 个方向的风向标注

T、G、L、S、O、L、P、M(顺时针方向)代表北、东北、东、东南、南、西南、西、西北等 8 个方位风向；在早期波特兰海图中，这 8 个方位线分别画为墨色或褐色，北北东、北北西、南南东、南南西、东北东、东南东、西南西、西北西 8 个方位线为绿色，剩余 16 个方位线为黄色或红色，这种以不同方式区分不同方位的绘制方式使得船员可以更加便捷地读取方位。

不同国家或地区的罗盘玫瑰样式

　　第一、二行属于意大利风格，以方向作为方位，箭头数不固定；第三、四行属于加泰罗尼亚风格，基本只出现八个箭头；第五行基本属于葡萄牙风格，出现时间较晚，箭头较多，正北方向上饰有鸢尾花。现存波特兰海图中，意大利风格和加泰罗尼亚风格占绝大多数，这些基本特征可以为部分波特兰海图的绘制地点和年代的判定提供一定的帮助。

毛罗地图及其解读

1460 年
直径 196 厘米
图片来源：意大利马尔恰那图书馆

　　该图绘制于羊皮纸上，主图呈圆形，上南下北，直径约有 196 厘米，是现存最大的中世纪世界航海图。作者弗拉·毛罗虽沿用传统世界地图的 O 型构图，但已摆脱 T 型结构，所描绘的亚洲、非洲、欧洲较传统地图更为详细，并不断将新信息补充到地图中。该地图标志着中世纪 T-O 地图的逐渐终结和更科学地图的渐续开始。

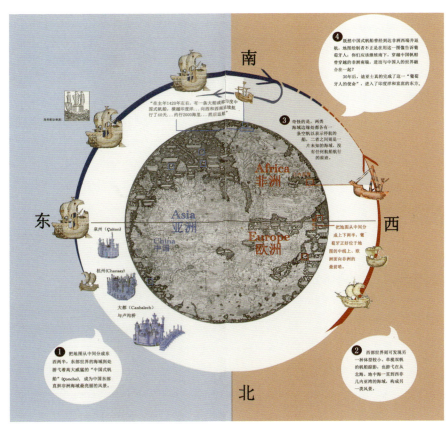

2.1.2 大航海时代寻找航路的地图

  随着各国航海家纷纷踏迹海洋，地图的重要性更加突显。欧洲制图师们一方面继承前人流传下来的地图，根据航海者的要求绘制相应区域的地图；另一方面根据航路探寻的结果，不断在地图中修正或添加最新的地理信息。

一、承旧赋新——托勒密地图

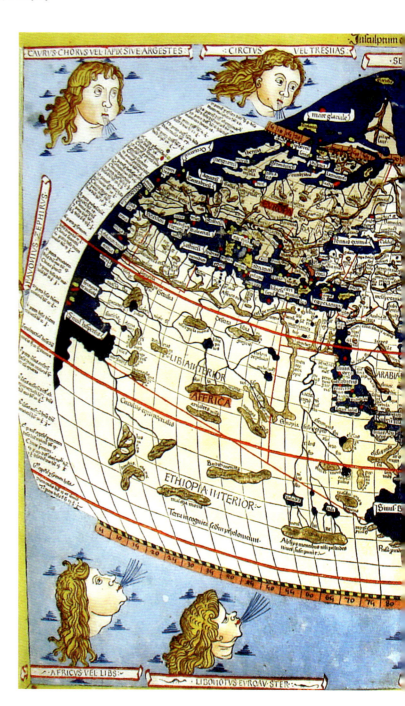

　　克罗狄斯·托勒密（约 100～170 年）是古希腊数学家、天文学家和地理学家，其著作《地理学指南》对欧洲制图学影响重大。原书包含二十多幅世界地图和区域地图，强调地球是圆的，并提出圆锥投影和球面投影两种新的地图投影方式。15 世纪晚期到 16 世纪中期，托勒密地图被不断复制，原图错误也因新的地理发现得以逐步修正。

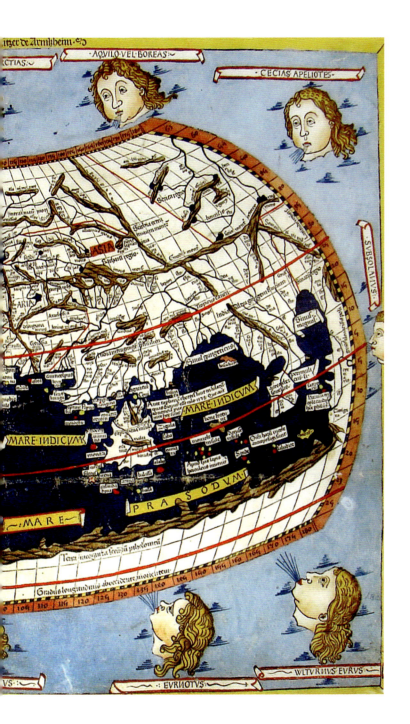

托勒密世界地图

1482 年
长 55 厘米、宽 40 厘米
大英博物馆藏

重制版托勒密世界地图

16 世纪初
长 61.6 厘米、宽 44.5 厘米
图片来源：斯坦福大学

在这幅地图中，印度以东的信息已延伸到东亚甚至远东地区，向北延伸的部分也大大超出了托勒密地图的原始边界，斯堪的纳维亚也被收入到图中。

1522 年托勒密世界地图

长 56 厘米、宽 42 厘米
中国航海博物馆藏

该图是当时欧洲人在寻求到中国的海路时所拥有的最准确的世界地图。

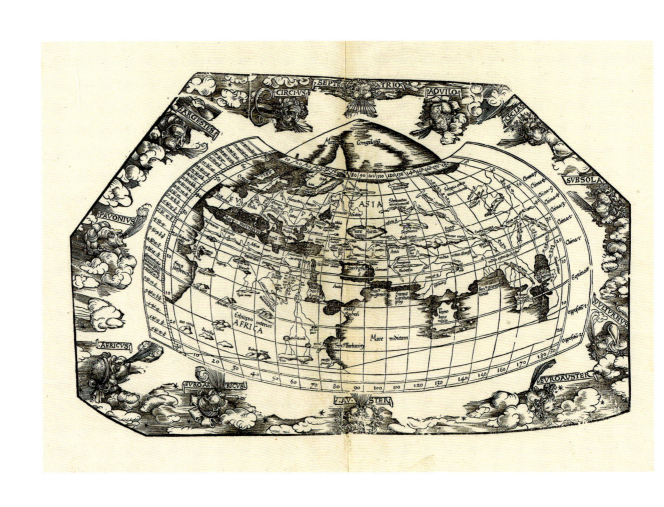

1522 年弗里斯东南亚地图

长 52.5 厘米、宽 38.5 厘米
中国航海博物馆藏

该图被认为是最早的东印度地图。

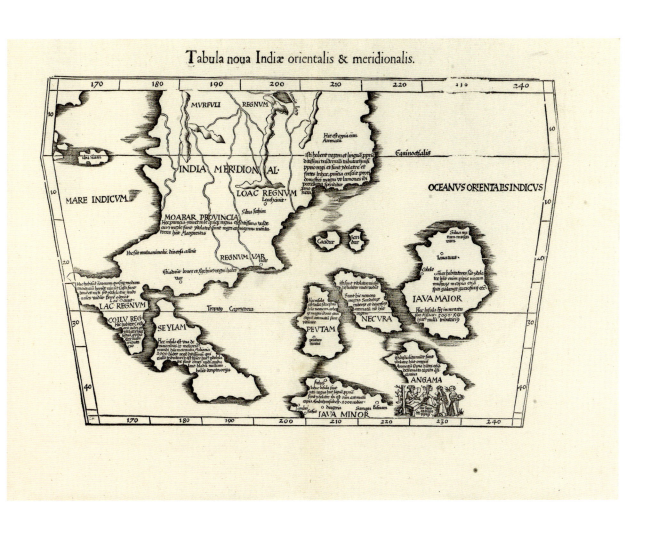

1540 年蒙斯特世界地图

长 41 厘米、宽 32.5 厘米
中国航海博物馆藏

　　该图展现了麦哲伦在 1519 年至
1522 年间环球航行的探索结果。

1548 年弗拉特里东印度洋群岛地图

长 19.5 厘米、宽 14.5 厘米
中国航海博物馆藏

　　该图被认为是欧洲通过海路发现中国的第
一幅印刷地图。

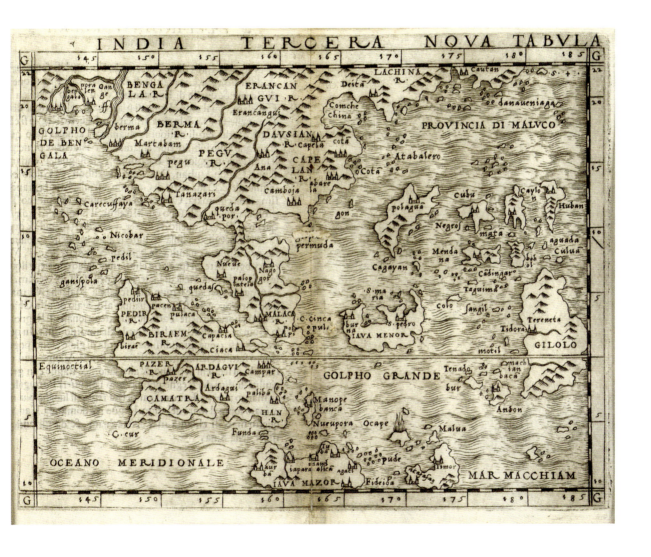

1561 年鲁赛里世界地图

长 29.5 厘米、宽 22 厘米
中国航海博物馆藏

　　该图是第一幅用两个半球投影的方
法绘制的世界地图。

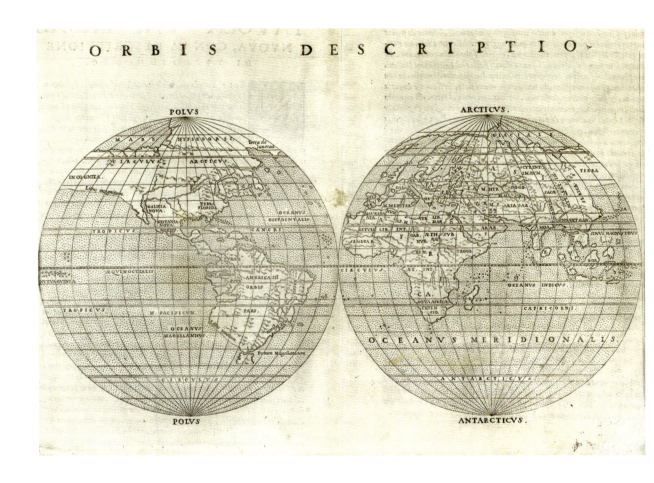

二、投影世界——墨卡托海图

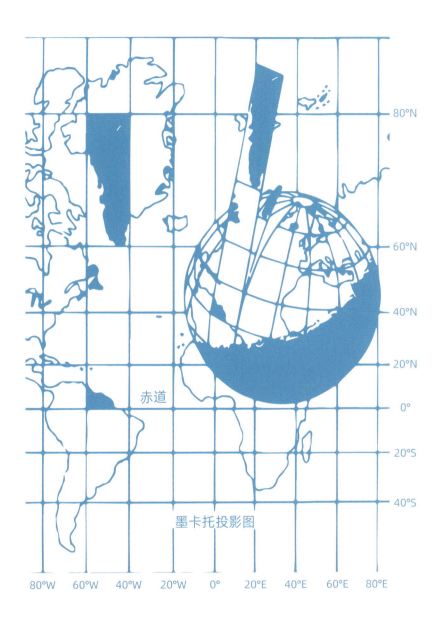

墨卡托投影图

墨卡托海图是荷兰制图家墨卡托（1512～1594年）利用等角正圆柱的投影方法制作的海图。他假设地球被围在一个中空的圆柱里，赤道与圆柱相切，再假设地球中心有一盏灯，把球面上的圆形投影到圆柱体上，将圆柱体剪开，展开后便是一幅"墨卡托投影"地图。

　　纬度越高，图形和面积与地面实际差别越大、变形越严重，这是墨卡托投影的缺点。但当时欧洲绝大多数的航海活动都在中低纬度进行，图幅的变形较小，对航海的影响也就较小。墨卡托投影法有利于船舰在航行中有效地定位和确定航向。直至今日，墨卡托海图依旧在航海中发挥重要作用。

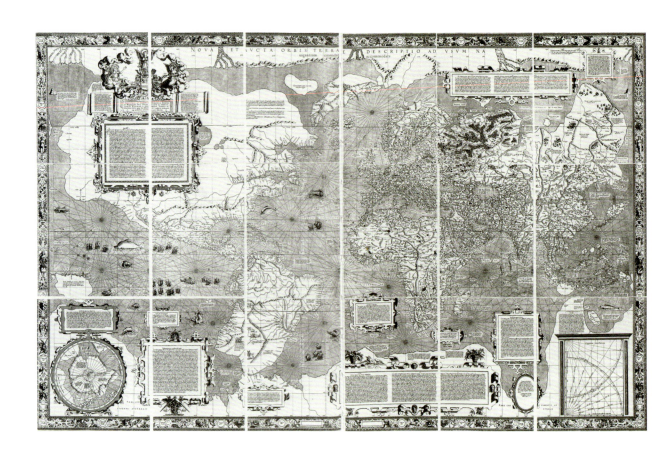

墨卡托投影法制世界地图

1569 年
长 202 厘米、宽 124 厘米
图片来源：芝加哥大学

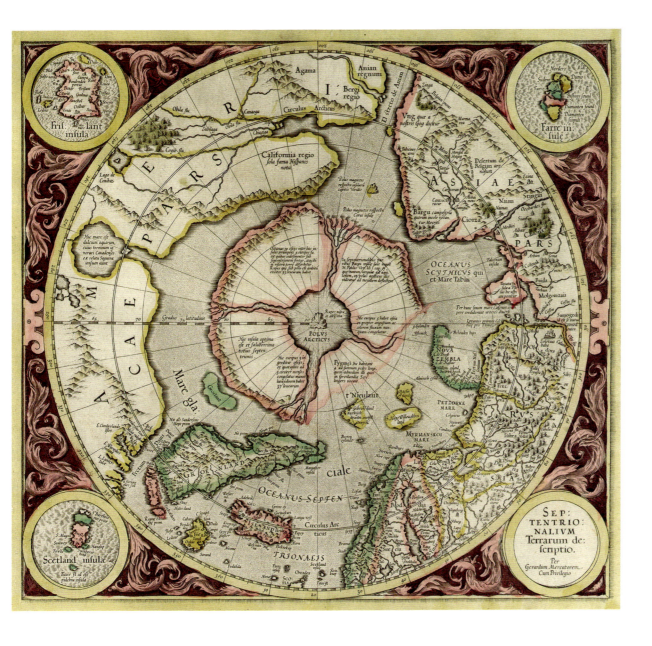

1595 年墨卡托北极地图

长 57.5 厘米、宽 48 厘米
中国航海博物馆藏

　　该图来源于墨卡托的《新世界大幅平面图》。图中的北极是由四个岛屿和中心的一块磁力岩石所组成。该图的错误导致很多荷兰和英国船队从北极寻找到达中国的海路的努力皆以失败告终。

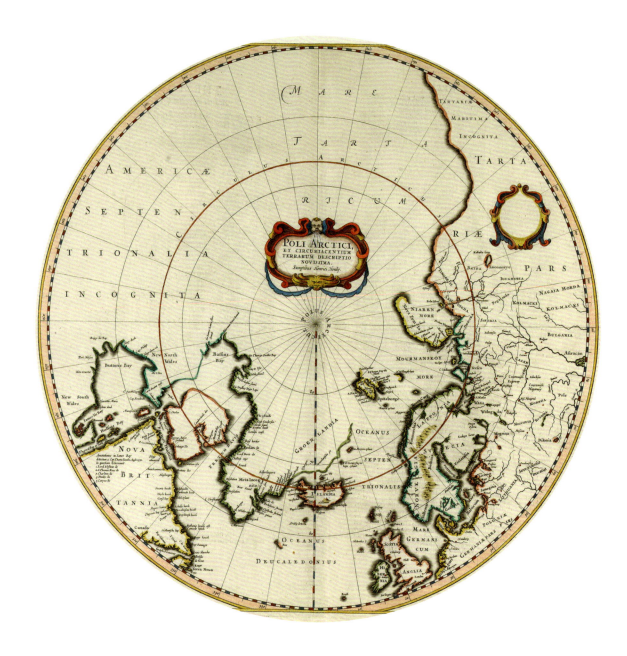

1636 年洪第乌斯北极地图

长 54.5 厘米、宽 46.5 厘米
中国航海博物馆藏

　　洪第乌斯是墨卡托地图集的重要传播者，其出版的《墨卡
托—洪第乌斯地图集》是墨卡托海图传播最广的版本。

三、险路纵横——海怪图

　　由于当时人们认知和掌控海洋能力的不足、航海经验和技术的缺乏以及制图师们出于想象、装饰或炫技，这一时期的地图中充斥着各种各样的海怪形象。海怪图形象地展现了寻找航路中充满未知的风险，也从侧面彰显了航海者克服恐惧的勇敢与无畏。

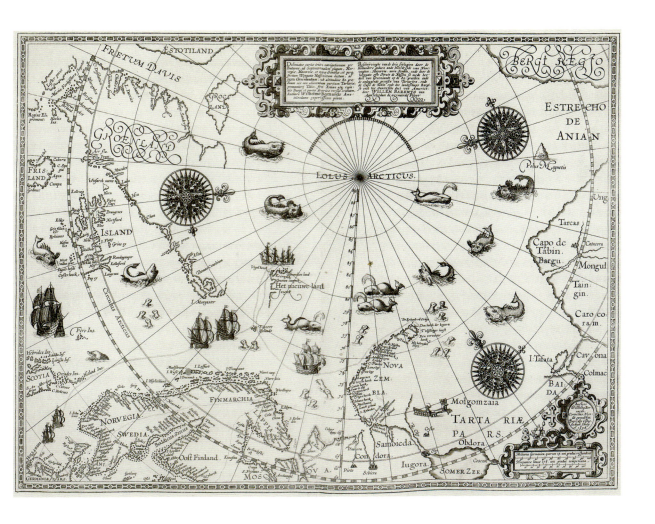

《北冰洋地图》

1597 年
长 22 厘米、宽 16.3 厘米
威廉·巴伦支
图片来源：斯坦福大学

长 42 厘米、宽 34.5 厘米

中国航海博物馆藏

该图描绘了到达中国的海路上出没的各种海怪。

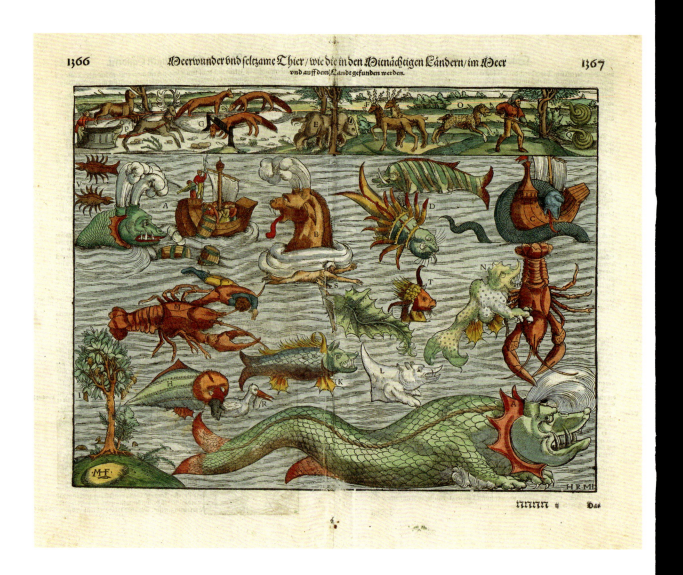

2.1.3 航路开辟后的贸易航线图

　　新航路开辟后，欧洲各国开启远洋贸易。随着对海域地理知识的掌握和商贸的繁荣，地图信息也逐渐具体到海域或港口城市，并可以结合贸易者的需求描绘跨洋城市间的相应水路。

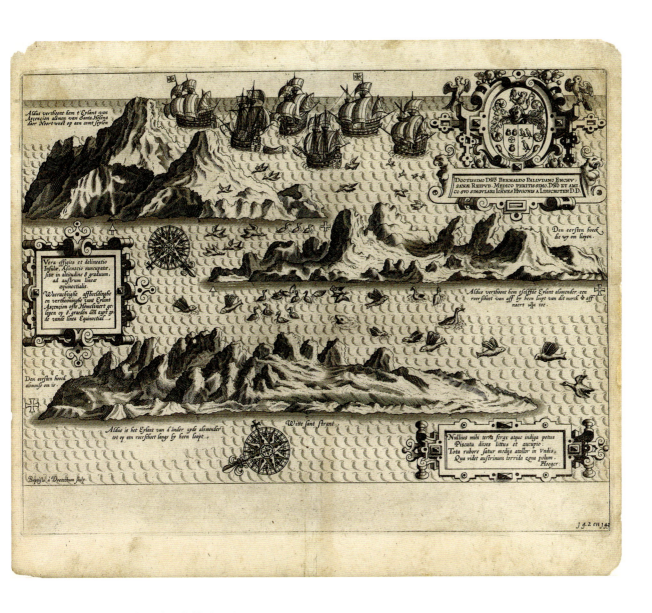

1582 年林索登葡萄牙舰队航行图

长 36 厘米、宽 31 厘米
中国航海博物馆藏

　　该图为 1582 年葡萄牙舰队从欧洲到远东的舰队航行图，图中舰队正通过大西洋南部的阿森松岛。

1646 年达德利葡属印度地图

长 82 厘米、宽 55 厘米
中国航海博物馆藏

该图描绘了从波斯湾到中国广州和泉州的海路。

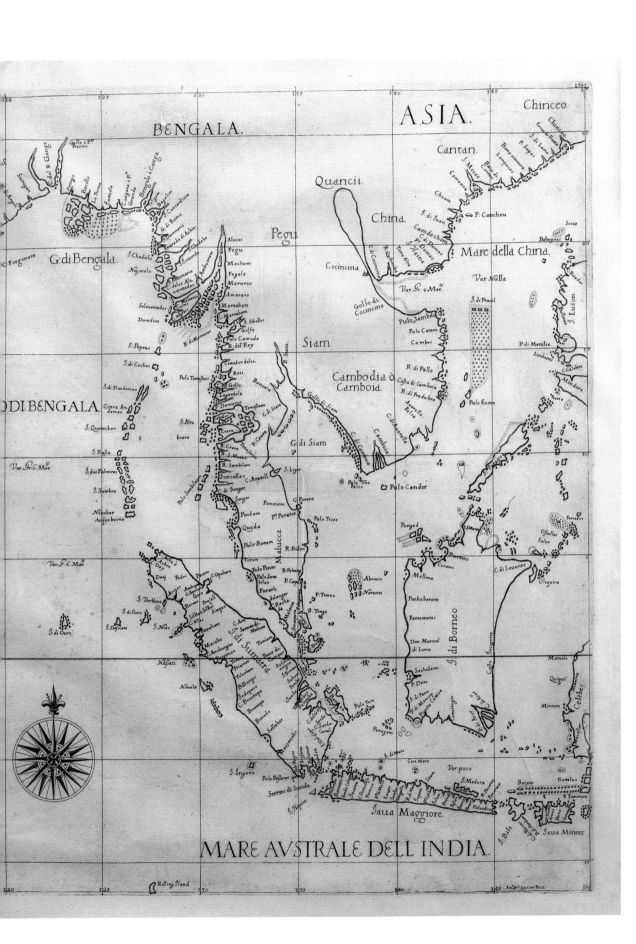

制图工具将实际存在的地理环境转换到平面的纸张上，平行尺、量角器、圆规和分规等都是必备工具，也是现今多样式制图工具的原型。

量角器

直径 25 厘米
中国航海博物馆藏

圆周边缘刻有两圈读数，同一处的内圈和外圈读数相差 180 度。当航向大于 180 度时，读内圈刻度；当航向小于 180 度时，读外圈刻度。

象牙尺

长 16.5 厘米、宽 4.5 厘米
20 世纪早期
中国航海博物馆藏

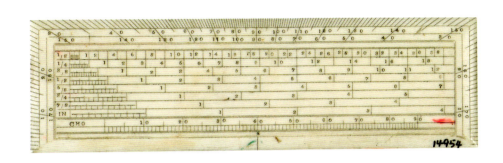

象牙尺

长 16 厘米、宽 14 厘米
20 世纪早期
中国航海博物馆藏

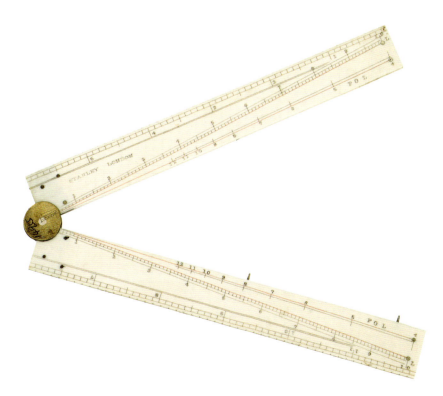

平行尺

长 68 厘米、宽 12 厘米
中国航海博物馆藏

　　两根尺平行固定，可以用来在海图
上平移、画线，量取航向和方位。

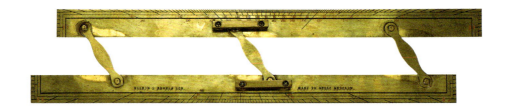

圆规、分规一套

中国航海博物馆藏

　　该套工具共 15 件，可收于一文具
盒中，用于在海图上量取航程和距离。

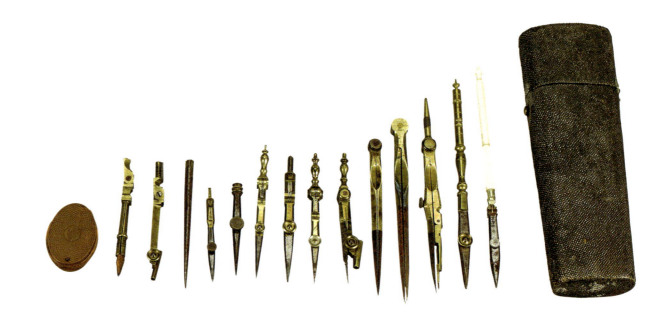

2.1.4 中国古代地图

　　在中国古代，地图被称为"舆图"，内容丰富，可分为舆地、城市、河渠、军事、交通等类别。我国地图学源远流长，考古发现中已有先秦时期的地图实物出土。西晋裴秀开创"制图六体"的地图学理论，经唐代贾耽与元代朱思本等人的传承发展，逐步确立起"计里画方"的传统绘图法。随着明末清初欧洲传教士的到来，西方地理知识与经纬度测绘法传入中国，推动了地图绘制技术的发展。

长沙国南部地形图绢画

西汉
湖南长沙马王堆三号墓出土
湖南博物院藏

　　该地图主区为汉初长沙国南部八县（道），即今湖南南部潇水流域、南岭、九嶷山及附近地区；邻区是汉初南越国辖地。图上所绘河流与山脉的位置、范围、轮廓及走向也大体正确，说明它是一幅经过科学测量、计算而绘制的地图。该地图也是迄今为止最早将南海绘入中国的古地图。

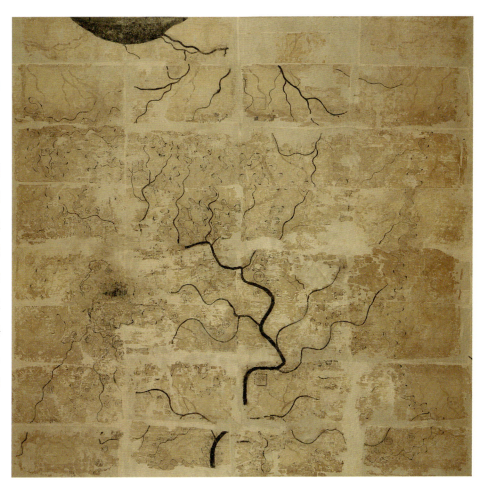

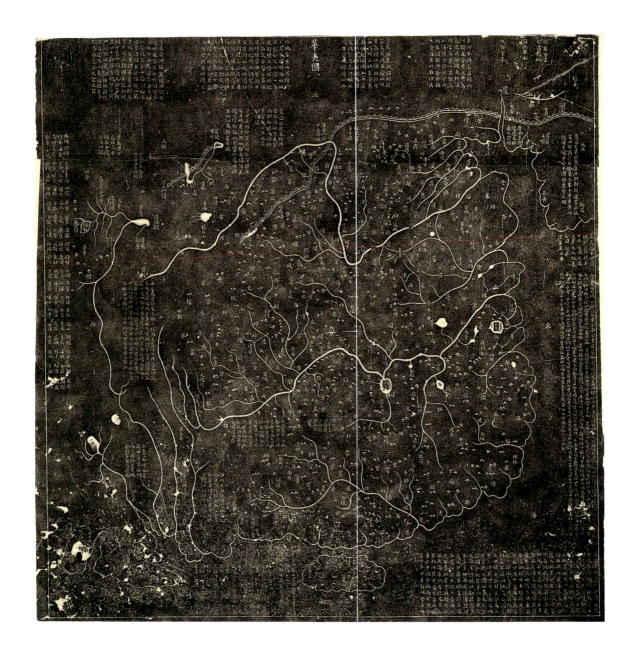

《华夷图》《禹迹图》石刻（拓本）

伪齐 阜昌七年（1136 年）
西安碑林博物馆藏

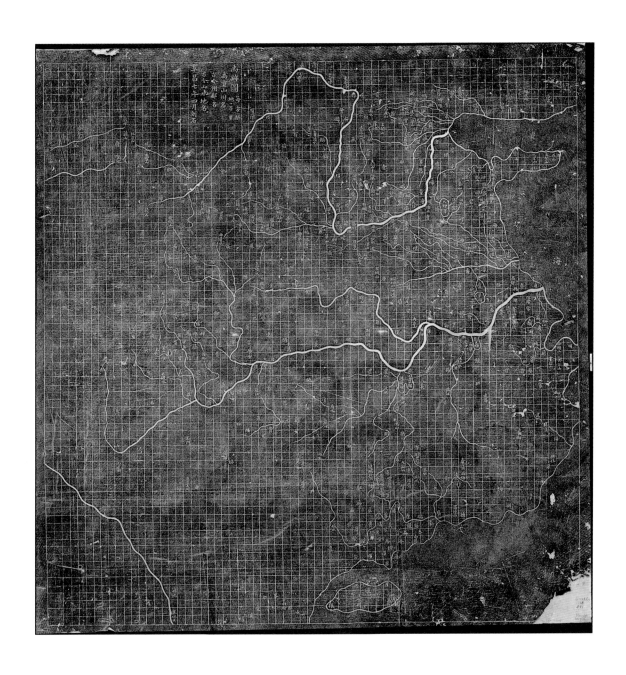

　　西安碑林所藏《华夷图》《禹迹图》分刻于同一石碑的两侧。《华夷图》是宋人以唐人贾耽《海内华夷图》为底本，缩小十倍后依当时政区改绘，反映了宋朝政区与对外关系。《禹迹图》上的方格即出自"计里画方"的地图绘制传统。这两幅地图所反映的地理知识与制图技术对后世产生了重要影响。

94

《大明混一图》

(局部)

明 洪武二十二年（1389 年）
纵 456 厘米、横 386 厘米
中国第一历史档案馆藏

　　《大明混一图》是我国目前保存尺寸最大、最完整的古代世界地图。该图原为四条挂屏，后装裱成一幅。图中以大明王朝版图为中心，东起日本，西达西欧，南括爪哇，北至贝加尔湖以南，着重描绘明王朝各级治所、山脉、河流的相对位置，以及镇寨堡驿、渠塘堰井、湖泊泽池、边地岛屿、古遗址、古河道等共计一千余处。清康熙年间又以满文译名签覆盖原汉文地名。

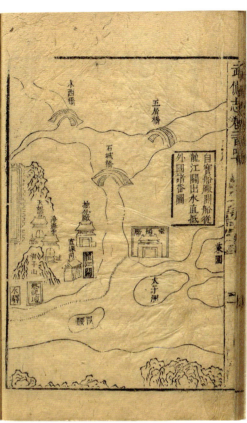
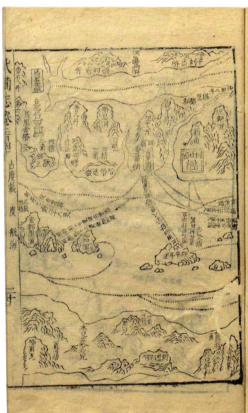
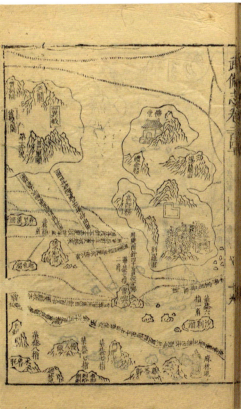

《郑和航海图》

（局部）

明 宣德五年（1430
年）
载茅元仪《武备志·
航海》卷二四〇
明天启元年（1621
年）刻、清初莲溪
草堂重印本
中国国家图书馆藏

　　明宣德五年
（1430年），郑和受命
第七次出使西洋。该
海图原名《自宝船厂
开船从龙江关出水直
抵外国诸蕃图》，后称
《郑和航海图》，作长
卷式，后编入茅元仪
《武备志》时改为册页
式，是今见我国最早
用于航海的海图之一，
也是当时世界上描绘
航线最长的航海图。

95

《广东海图》（复制品）

（局部）

清 乾隆（1736～1795 年）
纵 29 厘米、横 640 厘米
原件藏于中国国家图书馆
深圳博物馆藏

一字式长卷，是明清海防图中经常使用的成图方式，形象直观地表现海防、江防等内容。全图沿海岸线展开，体现重要的海陆地理要素和军事地理信息，直接反映全局态势。其缺点是图上方位不甚精确，无法直接用于海岸防御作战和航海中方向的精确辨别。此类图适用于总揽全局的高级指挥员使用，应属于战略部署图。

《盛朝七省沿海图》（复制品）

（局部）

清 嘉庆三年（1798 年）
纵 29 厘米、横 888 厘米
原件藏于中国国家图书馆
深圳博物馆藏

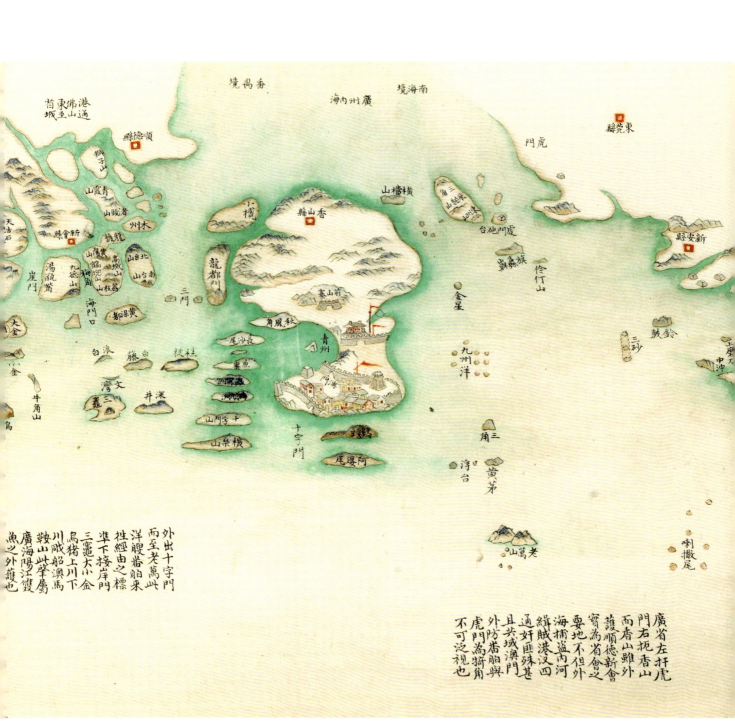

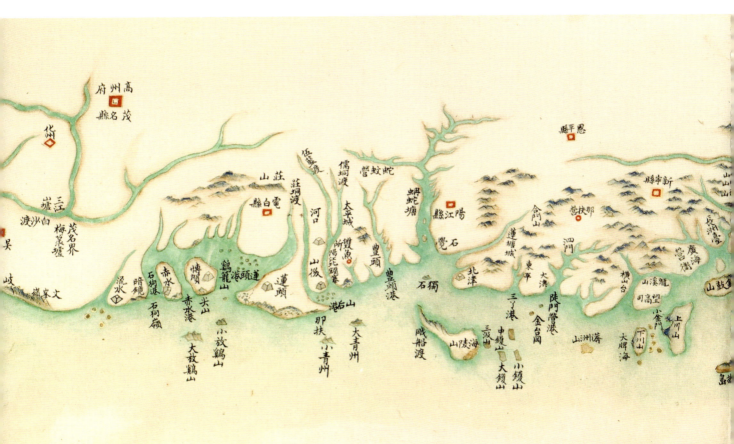

高州府
縣名茂

化州

三江
渡沙白
梅菉墟
茂名界
文嶺峯

吳
岐

莊山
縣白電

莊縣

伍嶺徑

儒峒渡

蚊蛇
營

蜆蛇塘

石覺

陽江縣

恩平縣

新寧縣

山州山

長洲塁

廣海營

合會山

那扶營

溟門

東平

大澳

蓮塘城

北津

陸門營港

金台岡

三丫港

中鑱山

大鱷山

小鑱山

三汉山

溪高
望山

橫山台

龍司

小金門

山洲墝

大脾海

下川山

上川山

河口

太平城

雙魚
所陽江頣囊

山後

蓮頭

赤水山
博賢
鷄籠港頭蓮
石狗港
赤水港
石狗嶺
暗礁
流水頭山

大放鷄山
小放鷄山
大青州
小青州
那扶
港石山

豊頭

豊頭港

石獨

喊船渡

陵海
山陵

本图首列环海全图，次为从右至左一字式绘制鸭绿江至越南沿线海域的海洋疆界全图，包括盛京（今辽宁）、直隶（今河北）、山东、江苏、浙江、福建和广东，后附琼州、澎湖、台湾前后山等图。图中重要地方简述四至大势，用写景法绘出山脉和名胜古迹，内容丰富，是我国古代海防图的代表之作。

《广东省海防图》（复制品）

（局部）

清 光绪元年（1875 年）
纵 36.5 厘米、横 520 厘米
原件藏于中国国家图书馆
深圳博物馆藏

《广东海防图》（复制品）

（局部）

清 光绪十七年（1891 年）后
纵 39 厘米、横 23 厘米
原件藏于中国国家图书馆
深圳博物馆藏

此册包含广州、长洲和虎门三处海防图，每图后附图说。图中绘出山水、森林、炮台、兵营、塞海水闸、水雷区以及电气房、航标灯塔等。各图均题"光绪十年海防，正白旗王治谨绘"，王治其人缺考。

《驶船更流簿》（复制品）

清（1644～1911年）
纵 26.5 厘米、横 12.5 厘米
中国（海南）南海博物馆藏

"更流簿"即"更路簿"，是南海渔民使用的适用于南海海区的航路指南，明代已出现。此簿以极简的文字记录了92条更路，每条记载两个地点之间的针路和更数。"驶"字原文是异体字，左"舟"右"史"，表"行船"之意，是海南渔民自造字。"更"既表示距离，也表示时间。"流"即是一年潮汐涨落的时间表。

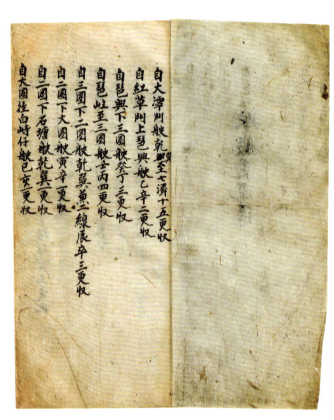

2.2 航海设备

　　种类多样的航海设备是船舶在海上定位计时、行驶通讯所必须的，其中定位功能尤其重要。为了准确定位，船员需对太阳和恒星进行观测，以得到船舶的实时经纬度，这显示了航海与天文学密不可分的关系。

2.2.1 定位测量

一、测方向

指南针和罗经

指南针是利用磁铁在地球磁场中的南北指极性而制成的一种指向仪器，约公元前 3 世纪由中国人发明。12 世纪，指南针传到欧洲，并在航海中发挥重要作用。罗经是指南针的发展与完善。在西方的航海图上，航海罗经被描绘成玫瑰花状，故常称作罗经花。

指南针

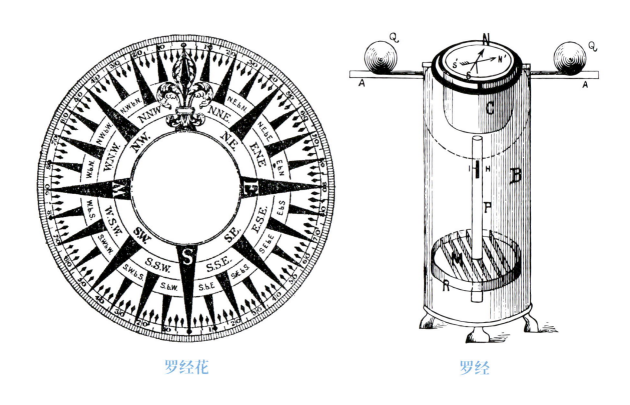

罗经花　　　　　　　罗经

执罗盘陶俑（复制品）

南宋（1127～1279 年）
底座长 5.5 厘米、底座宽 6 厘米、通高 16.8 厘米
中国港口博物馆藏

　　此陶俑手持一支轴式旱罗盘，罗盘有明显表示刻度的条纹，其上贴塑指针，作左右指向。

　　继水罗盘之后，指南针逐渐发展出支轴式的航海旱罗盘。海上导航时兼用罗盘与观星，二者相互补充，相互修正。

木质罗盘

明清（1368～1911 年）
直径 8 厘米
中国航海博物馆藏

　　此罗盘为 24 方位，分别采用十二地支（子、丑、寅、卯、辰、巳、午、未、申、酉、戌、亥）和十天干中的八干（甲、乙、丙、丁、庚、辛、壬、癸），以及八卦中的四维（乾、坤、艮、巽）来表示。天干、地支与四维均衡排列，其中子、午为正北、正南，卯、酉为正东、正西。

漳州窑红绿彩罗经文盘

明（1368～1644 年）
高 7.8 厘米、口径 35.5 厘米、底径 16.1 厘米
中国（海南）南海博物馆藏

口沿用黑、绿彩绘装饰纹带，内壁用红、绿彩绘五组鱼纹，鱼纹上有红彩卷云纹，其间以花草纹隔开。盘心分成两圈，外围用红彩书 19 字罗经文，中心用红、绿彩绘简体阴阳太极二重圈，圈中书"天下一"三字。

英国制航海指南针

18 世纪
直径 16 厘米
中国航海博物馆藏

用于欧洲高级商船，吊在船长卧室的房顶上，方便船长休息时也可以随时知晓船行的方向。

指南针

20 世纪早期
长 8 厘米、宽 7 厘米、高 3 厘米
中国航海博物馆藏

便携式罗盘

19 世纪晚期
把手直径 2.8 厘米、把手高 7 厘米、罗盘身直径 12 厘米
中国航海博物馆藏

英国制船用测量罗盘

19 世纪晚期
长 26 厘米、宽 16.5 厘米、
高 11 厘米
中国航海博物馆藏

美国商船罗经柜

18 世纪晚期
长 40 厘米、宽 24 厘米、
高 31 厘米
中国航海博物馆藏

英国制船用罗经

19 世纪
长 59 厘米、宽 38 厘米、高 93 厘米
中国航海博物馆藏

望远镜

　　1608 年，折射望远镜在荷兰被发明，半个多世纪后，反射望远镜问世。船员通过望远镜观测海面情况及陆标，可以及时了解船舶行进及影响航行的动态。有的望远镜上装有罗经。

伽利略型

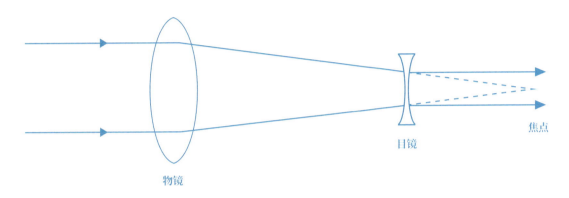

开普勒型

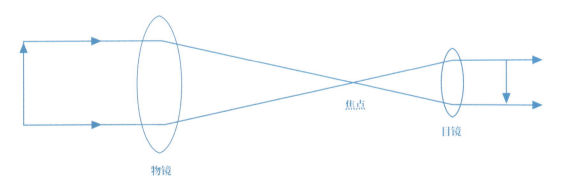

折射望远镜工作原理图

英国制折射望远镜

18 世纪
长 126.5 厘米、直径 4.6 厘米
中国航海博物馆藏

　　伦敦曼恩 · 艾斯克罗公司 1740 年前后生产，目前仍可精准使用。

折射望远镜

18 世纪
长 190 厘米、直径 6.5 厘米
中国航海博物馆藏

二、测纬度

船舶远离陆地航行，船员无法通过海岸线的变化来定位，只能通过测量天体的高度角，算出所在纬度。船员白天可以观测正午太阳与地平线的角度，晚上北半球可以观测北极星与地平线的角度，南半球可以观测南十字座来替代。

星盘

星盘是一种古老的观星仪器。1470 年，航海家去掉星盘上的星相图，将其改为一种简单的航海仪器，用于测量船在海上的纬度。航海星盘由一根可转动的指针固定在一个木盘（或金属盘）的中心，盘上的圆周标有度数。

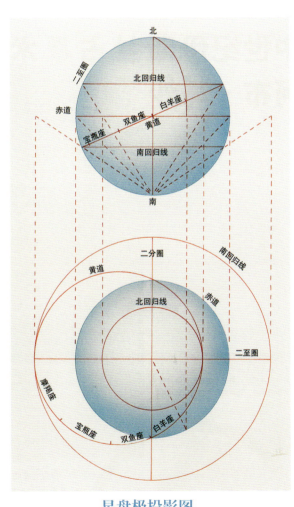

星盘极投影图

星盘的构造

法国制马格里布黄铜星盘

17 世纪
连环长 27 厘米、直径 18.4 厘米、高 4 厘米
中国航海博物馆藏

英国制黄铜星盘

16 世纪
连环长度 33.2 厘米、直径 25 厘米、高 4.1 厘米
中国航海博物馆藏

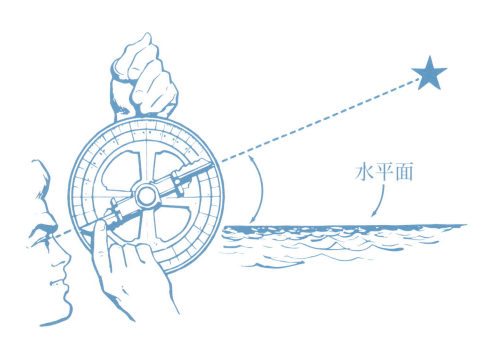

水平面

航海星盘使用示意图

　　使用时将星盘悬挂作铅直，零度标记与水平面齐平，移动指针指向要测量的天体，即可测出天体高度，从而得出船舶所在的纬度位置。但由于船舶甲板的颠簸，此法较难操作，误差较大。

直角象限仪

　　直角象限仪是一个用硬木制成的直角圆弧板，圆弧划分 90 度；一条直角边下设有瞄准器，用于瞄准天体；直角顶系有一根线，线下系有铅锤，用于指示度数。当直角边与观察对象成一线时，垂线所指度数即为所求高度。直角象限仪只适合于风平浪静的情况下使用。

直角象限仪使用示意图

十字测天仪

　　1530 年后，西方航海家们普遍使用十字测天仪，又称雅各杆、金杖等。它由一根上下两端皆有孔的短杆垂直装在一根带有刻度尺的长直杆上；短杆可在长杆上前后移动，上下两孔可分别看到地平线和天体。先选定一颗定位星，海员把长杆按前伸方向放在眼前，从其一端观察，调整移动短杆，直到可从下孔看到地平线、同时从上孔看到星体。然后记下短杆在长杆标尺上的位置。这样可算出所观察星体的高度，从而得到船所在位置的纬度。

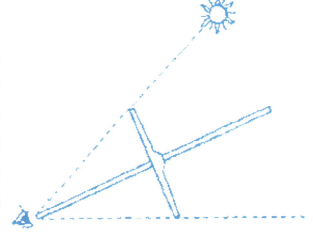

十字测天仪（复制品）

中国航海博物馆藏

反向高度仪

16 世纪末，反向天体高度观测仪被发明。这种仪器利用镜面系统投射到刻度尺上的影子，得出天体高度和所处纬度，克服了星盘、十字测天仪等需直接目视天体的缺点。

英国制反向高度仪

18 世纪中期
长 64 厘米、宽 45 厘米、高 12 厘米
中国航海博物馆藏

该仪器的长弧底部可测 0 至 25 度，上端可测 60 至 90 度；短弧刻度有 0 到 60 度，最大可测到 65 度。

八分仪

　　1730 年，测角范围可达 90°的仪器被发明，因其刻度弧约为圆周的八分之一（即 45°）而得名八分仪。

八分仪

18 世纪中期
长 45 厘米
中国航海博物馆藏

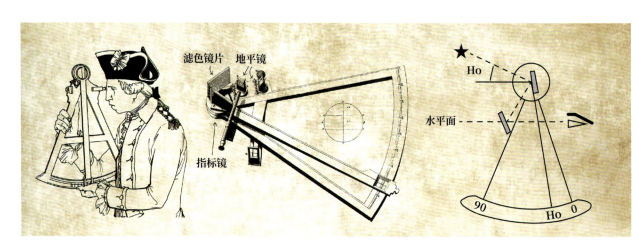

八分仪的使用示意图、构造图、原理示意图

六分仪

　　1757 年，可以将测量范围扩大到 120°的六分仪被发明了。其后六分仪的测量夹角虽然逐渐扩大至 144 度，已发展到约为圆周的五分之一，但名称却一直保持不变。

　　使用时，观测者手持六分仪，转动指标镜，使在视场里同时出现的天体与水平面重合。六分仪的特点是轻便，可以在摆动的船舶上观测，缺点是阴雨天不能使用。

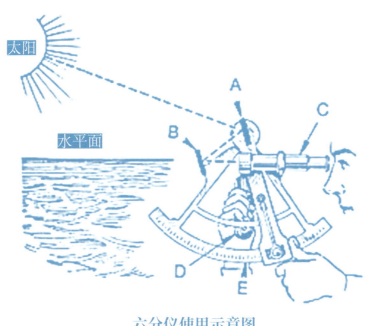

六分仪使用示意图

A：指标镜 B：地平镜 C：望远镜 D：指标臂 E：刻度盘

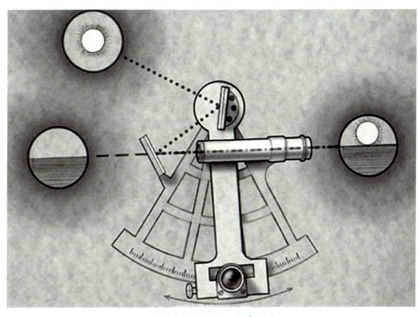

六分仪原理示意图

六分仪

20 世纪早期
长 36 厘米、宽 28 厘米、高 13 厘米
中国航海博物馆藏

英国产六分仪

1900 年
长 29 厘米、宽 29 厘米、高 14 厘米
中国航海博物馆藏

三、测经度

天文钟

　　航行中的船舶所处经度较难测量。1759 年，英国钟表匠约翰 · 哈里森制成走时准确、方便携带的天文钟。船员可以在出发地正午时候观测太阳校准天文钟的时间，在航行途中，天文钟始终显示出发地时间。船员根据日影测出当地时间，用两者相差的时间计算出当地经度。1766 年，英国出版了第一本实用的《航海历》，供船员根据用六分仪等测得的行星和恒星的位置来算出自己所在位置。自此，天文钟、六分仪和航海历配合使用，便可求出经纬度，精确定位。

哈里森 H1 天文钟

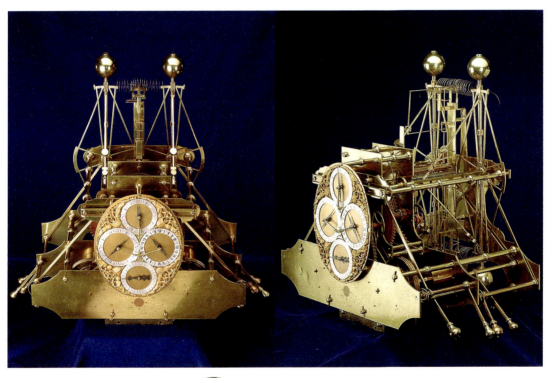

哈里森 H4 天文钟

美国制航海天文钟

19 世纪
长 18 厘米、宽 18 厘米、高 18.5 厘米
中国航海博物馆藏

英国制航海天文钟

19 世纪
长 19 厘米、宽 17 厘米、高 18.5 厘米
中国航海博物馆藏

四、测时间

日晷仪

日晷仪也称日晷，是观测日影记时的仪器，主要根据日影的位置指定当时的时辰或刻数，通常由晷针（表）和晷面（带刻度的表座）组成。利用日晷计时的方法是人类在天文计时领域的重大发明，沿用达数千年之久。

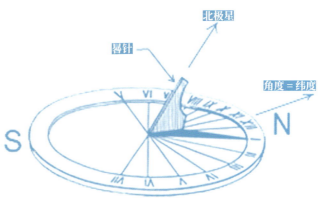

英国制铜便携式日晷仪

18 世纪晚期
长 15 厘米、宽 14 厘米、高 5 厘米
日晷直径 11.5 厘米
中国航海博物馆藏

黄铜材质，有三只可调节的支撑脚，保证仪器平稳。

中国制带指南针日晷仪

19 世纪晚期
长 12 厘米、宽 8 厘米
中国航海博物馆藏

法国制计时午炮

19 世纪后期
长 21.5 厘米、高 9 厘米
中国航海博物馆藏

底座为白色的圆盘大理石，
上面固定着黄铜小圆筒、指时
针和可调节的放大镜；圆盘上
刻着黑色罗马数字，有六到
十二和一到六。因其处于正南
时会发出打雷似的炮声而得名。

夜航仪

　　夜航仪利用北极星来测定时间，是钟表发明以前船员们夜间航行时用来确定和记录时间的器具。

　　夜航仪由两个大小不同的圆盘组成，圆盘上下叠在一起，轴心是个洞。大盘分成 12 等份，代表 12 个月份；小盘分成 24 等份，代表 24 小时；轴心处装 3 根长指针。使用时，小盘 12 点处的齿对准大盘的日期，然后透过轴心的洞找到北极星，同时转动指针，对准一根连接小熊星座"守卫星"或大熊星座"指示星"的虚构线，即可测出时间。

夜航仪使用示意图

131

早期航海夜航仪

1631 年
长 25 厘米、直径 14 厘米
中国航海博物馆藏

沙漏

沙漏是比较古老且常用的航海计时器，其利用玻璃中的流沙测定时间。

木座沙漏

20 世纪早期
底径 9.5 厘米、高 6.3 厘米
中国航海博物馆藏

美国制巨型沙漏

20 世纪初
长 29 厘米、宽 29 厘米、高 56 厘米
中国航海博物馆藏
　　黑檀木、玻璃材质，漏沙时间为 1
小时 40 分钟。

怀表

　　怀表是佩带在胸前、怀里的袖珍钟，表端通常有一条链子可以固定在身上或装在西装背心口袋里。在航海时钟出现之前，船长通常使用怀表进行计时。

英国制怀表

19 世纪晚期
长 8 厘米、宽 5.5 厘米
中国航海博物馆藏

美国 "Baldwin" 18k 金怀表

19 世纪晚期
长 6.5 厘米、宽 4.5 厘米
中国航海博物馆藏

指南针怀表

19 世纪晚期
长 7.5 厘米、宽 5.5 厘米
中国航海博物馆藏

瑞士制怀表

19 世纪
长 8 厘米、宽 5.5 厘米
中国航海博物馆藏

美国 "Waltham" 带链怀表

19 世纪晚期
长 38 厘米、宽 6 厘米、高 2 厘米
中国航海博物馆藏

美国 "Waltham" 怀表

19 世纪晚期
长 5.5 厘米、宽 4.5 厘米
中国航海博物馆藏

船钟

　　船上的时钟俗称"船钟"，因在指示时间上要求较为严格，故逐渐增加防磁防震的功能。当船舶在大洋航行时，使用船舶所在时区的时间作为船时。

船钟

19 世纪中期
长 43 厘米、宽 27 厘米
中国航海博物馆藏

　　用于欧洲远洋轮上，全铜质，目前仍处良好使用状态，可长时间计时 8 到 10 天。

法国制航海古董钟

19 世纪晚期
长 22 厘米、宽 22 厘米
中国航海博物馆藏

五、测气压

气压计是航海者预测天气的重要仪器。低气压会形成云与降雨，高气压预示晴朗天气。

气压计

气压计中水银的高度是由大气压支撑的，气压越大，水银越高。当气压明显降低时，天气变坏，可能出现阴雨、大风和低能见度天气；当气压明显升高时，天气转好，因此气压表又称为"晴雨表"。

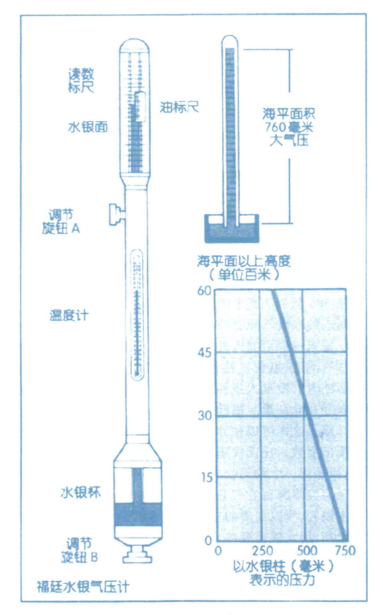

气压计结构示意图

英国制船用气压计

19 世纪中期
长 95.5 厘米、宽 9 厘米、高 9 厘米
中国航海博物馆藏

法国制航海气压钟

19 世纪晚期
长 30 厘米、宽 15 厘米、高 35 厘米
中国航海博物馆藏

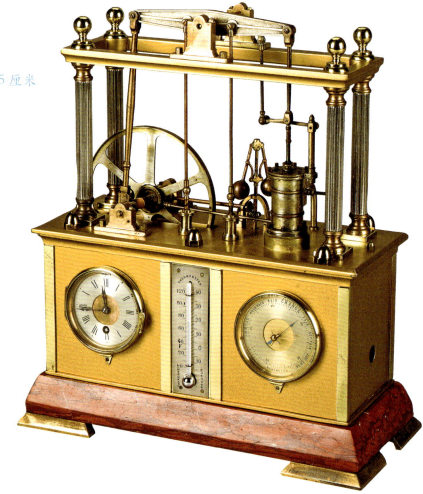

船用滚筒式气压计

20 世纪早期
长 31 厘米、宽 16 厘米、高 20 厘米
中国航海博物馆藏

六、测航速

计程仪

　　计程仪是一种测量船舶航速和累计航程的仪器。1570 年起，西方航海界开始用手动计程仪来测量船舶的航行速度，即船舶向水面抛出后面拖有绳索的浮体，然后根据一定时间里拉出的绳索长度计算出船速。绳索上的"节"便成为海上航行速度单位。1802 年，一种通过测量在水中旋转体的转速来确定船速的拖曳式计程仪被发明了，逐渐代替了手动计程仪。

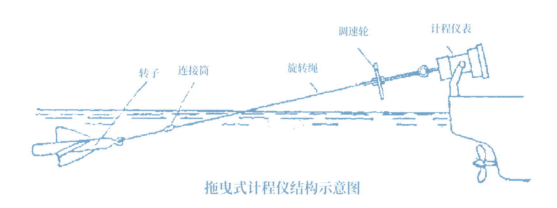

拖曳式计程仪结构示意图

139

美国海军拖曳式计程仪

19 世纪晚期
长 34 厘米、直径 10 厘米
绳圈部分长 50 厘米、宽 21 厘米
中国航海博物馆藏

计程仪

2.2.2 行驶通讯

一、动力装置

蒸汽机

蒸汽机是将蒸汽的能量转化为机械功的往复式动力机械。1765 到 1770 年间，英国发明家詹姆斯·瓦特对船用蒸汽机进行了重大改进，大大提高了蒸汽机的效率。19 世纪末、20 世纪初是蒸汽机发展的顶峰，之后逐渐让位于内燃机和汽轮机。借助汽船，世界贸易快速发展，欧洲移民前往美国的数量也出现了飞跃。

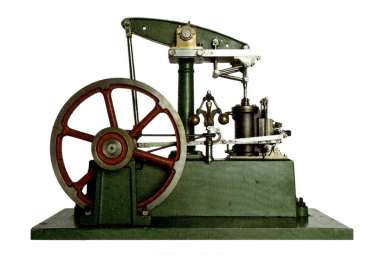

蒸汽机模型

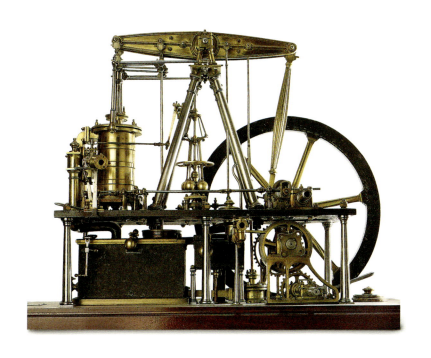

詹姆斯 · 瓦特改良蒸汽机

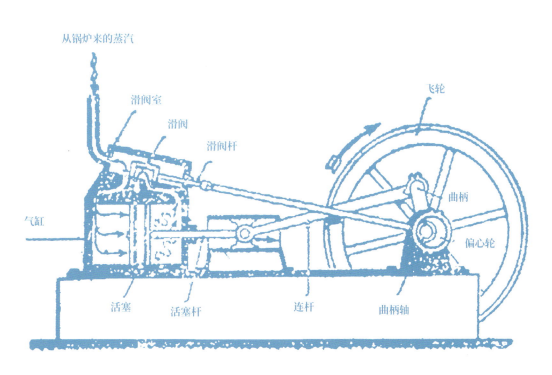

蒸汽机结构示意图

微型船用蒸汽机模型

20 世纪早期
长 27 厘米、宽 19 厘米、高 23.5 厘米
中国航海博物馆藏

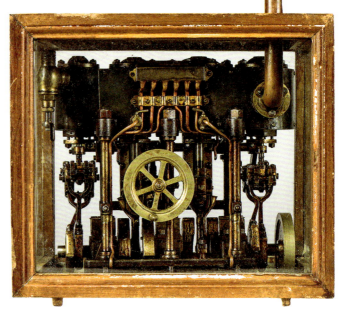

船用双管真空排气机模型

19 世纪后期
长 55 厘米、宽 32 厘米、高 67 厘米
中国航海博物馆藏

明轮

明轮是船舶的一种推进工具，它以转动带动叶片拨水来推进船舶。因其工作时有一半在水面可见而得名"明轮"。明轮的应用使船舶动力告别人力、风力，但因自身笨重不稳定、暴露在外易受损等缺陷，于19世纪60年代被螺旋桨所替代。

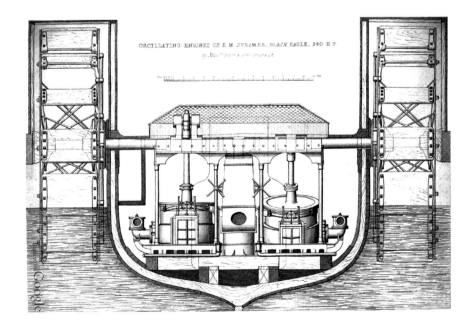

明轮蒸汽船银质模型八音盒

19 世纪
长 50 厘米、宽 21 厘米、高 37.5 厘米
中国航海博物馆藏

螺旋桨

　　螺旋桨是一种船用推进器（亦称暗轮），有两张或多张叶片与毂和大轴相连，叶片的向后一面为螺旋面或近似于螺旋面，其作用是在船舶主机驱动下，推动船舶前进。螺旋桨的发明是 18 世纪不少发明者不断探索的结果；19 世纪，螺旋桨的应用逐渐得到推广，并在双叶螺旋桨的基础上发展为三叶、四叶、五叶、六叶、七叶等，一直沿用至今。

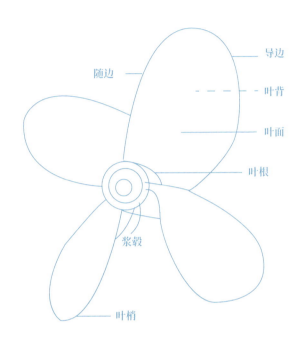

螺旋桨结构示意图

螺旋桨

20 世纪早期
高 10 厘米、直径 44 厘米
中国航海博物馆藏

二、驾驶装置

车钟

　　船舶驾驶员通过操作车钟与机舱内的轮机员联系，改变船舶航行时的快、慢、进、退、停等状态。

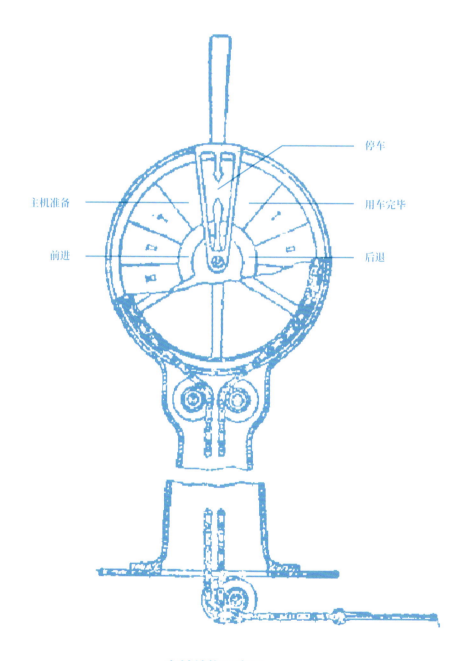

主机准备

前进

停车

用车完毕

后退

车钟结构示意图

美国制铜车钟

19 世纪晚期
高 46.5 厘米、直径 20 厘米
中国航海博物馆藏

舵轮

    舵轮是用于控制船舵运动、改变船舶航向的手轮。舵轮位在驾驶台。舵轮和舵通过铁链和链盘连接，当驾驶员在驾驶台拨动舵轮时，带动链轮、拉动链条，从而完成航向的改变。

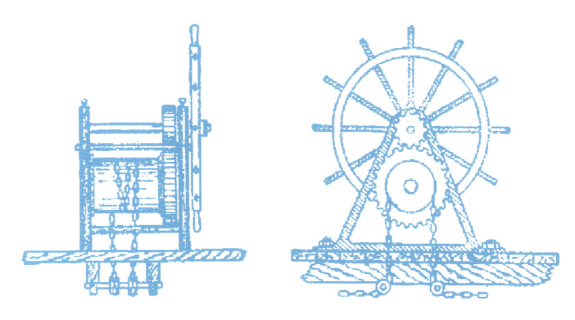

舵轮结构示意图

船用舵轮

19 世纪晚期
长 107 厘米、宽 35 厘米、
高 130 厘米
中国航海博物馆藏

三、通讯照明装置

通讯和照明对于海上航行至关重要，可帮助船舶在极端天气中避开来船、传达讯息等。特别是蒸汽机船出现后，船舶航行速度不断提高，船舶碰撞事故逐渐增多，讯息的传达更为关键。

国际信号旗

1889 年，在美国召开了第一届国际海事会议。会议通过了海上避碰规则，对灯光、声号、信号旗等进行了规范，得到国际上普遍认可。国际信号旗系统是一种船与船、船与岸间的旗帜沟通系统。一套信号旗中应有 26 面字母旗，10 面数字旗，3 面代旗，1 面回答旗，共 40 面。

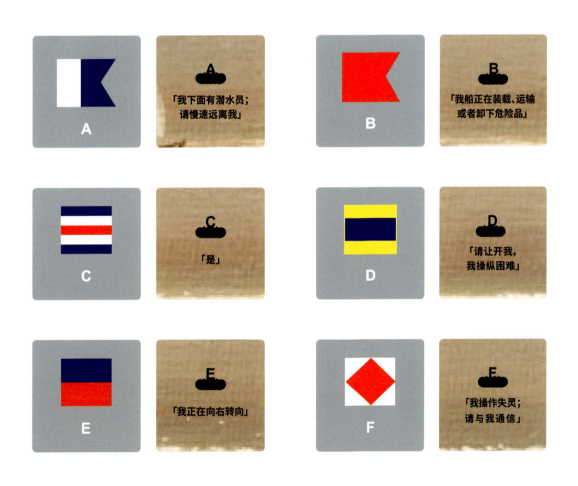

 G
 「我需要引航员」

 H
 「我船上有引航员」

 I
 「我正在向左转向」

 J
 「我船失火，并且船上有危险货物，请远离我」

 K
 「我希望与你通信」

 L
 「你应立即停船」

 M
 「我船已停，并已没有对水速度」

 N
 「不」

 O
 「有人落水」

 P
 在港内「本船将要出海，所有人员应立即回船」

 Q
 「我船没有染疫，请发给我进口检疫证」

 R
 「收到了，或已收到你最后的信号（程序信号）」

S

「我的机器
正在开倒车」

T

「请让开我
我正对拖作业」

U

「你正临近危险中」

V

「我需要援助」

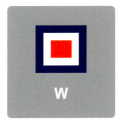
W

「我需要医疗援助」

X

「中止你的意图,并
注意我发送的信号」

Y

「我正在走锚」

Z

「我需要一艘拖船」
在渔场由邻近一起作业
的渔船使用时,它的意思
是"我正在放网"

黄红黄长梯形旗

表示数字 0

白底红色圆点
长梯形旗

表示数字 1

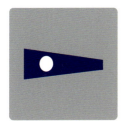

蓝底白色圆点
长梯形旗

表示数字 2

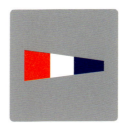

红白蓝长梯形旗

表示数字 3

红底白十字架
长梯形旗

表示数字 **4**

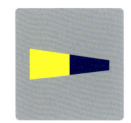

左黄右蓝长梯形旗

表示数字 **5**

上黑下白长梯形旗

表示数字 **6**

上黄下红长梯形旗

表示数字 **7**

白底红十字架
长梯形旗

表示数字 **8**

左上白右上黑左下红
右下黄相间长梯形旗

表示数字 **9**

红白相间条形
长梯形旗

表示 **回答**

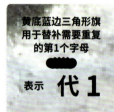

黄底蓝边三角形旗
用于替补需要重复
的第1个字母

表示 **代1**

左蓝右白三角形旗
用于替补需要重复
的第2个字母

表示 **代2**

白底黑条三角形旗
用于替补需要重复
的第3个字母

表示 **代3**

英国制船用信号灯

18 世纪
长 26 厘米、宽 26 厘米、高 53 厘米
中国航海博物馆藏

欧洲古船船灯

19 世纪
下排左一长 19 厘米、宽 21 厘米、高 35 厘米
中国航海博物馆藏

  1800 年到 1880 年之间的欧洲古船船灯，黄
铜材质，保存良好，全部用煤油。

船用喇叭

19 世纪
右长 41 厘米、宽 18 厘米
中国航海博物馆藏

大的为船长用，小的为大副用。

船用声响信号气具

19 世纪晚期
长 58 厘米、宽 33 厘米、高 61 厘米
中国航海博物馆藏

该件为船用气泵，被船员们用作雾天时的天气警报，用脚操作。四周均真皮制作，保存良好，仍然可以正常使用。

铜船钟

19 世纪晚期
长 38 厘米、宽 31 厘米、高 31 厘米
中国航海博物馆藏

雾天敲击示意船舶存在，抛锚时敲击表示锚链落水长度，通常悬挂在船首锚机处。

老式船用电话机

20 世纪早期
长 81 厘米、宽 27 厘米、高 28 厘米
中国航海博物馆藏

2.3 生活器具

　　远途海上航行常常耗时数月甚至数年，船上配备的饮食器具、医疗器械等生活用具给远航提供了必要保障。

《舒适的船舱》

1808 年
长 34.8 厘米、宽 25 厘米
托马斯·罗兰森
美国大都会艺术博物馆藏

《海上指挥官》

1785 年
长 29.6 厘米、宽 21.5 厘米
托马斯·罗兰森
美国大都会艺术博物馆藏

欧洲高级游轮外科医生手术器械

18 世纪
长 25 厘米左右、最长 32 厘米
中国航海博物馆藏

　　18 世纪美国外科医生使用，共有 29
件当时最先进的手术和医疗器具，适用于
多种手术。

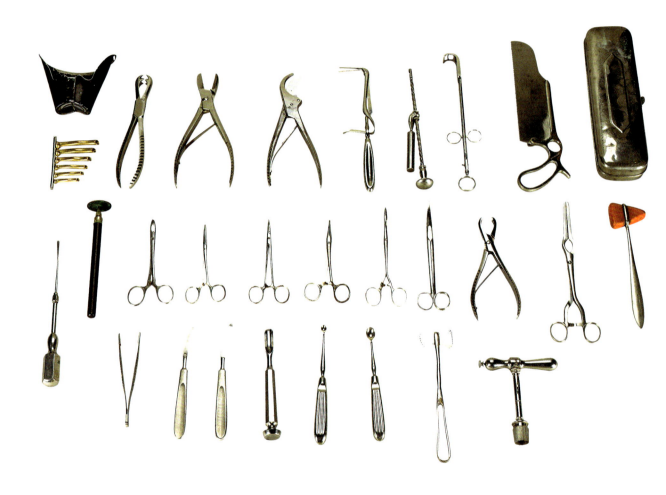

欧洲高级游轮外科医生药剂箱

18 世纪
长 36 厘米、宽 22 厘米
中国航海博物馆藏

装有 17 个药品瓶，非洲胡桃木材质的箱子上留有英国伦敦医药公司的字样。

船用留声机

20 世纪早期
长 42 厘米、宽 23 厘米、高 37 厘米
中国航海博物馆藏

立体镜

19 世纪晚期
长 20 厘米、宽 9 厘米、高 11 厘米
中国航海博物馆藏

船用开具支票机器

20 世纪早期
长 17 厘米、宽 15 厘米、高 16 厘米
中国航海博物馆藏

船长用文具

19 世纪
长 17 厘米、宽 17 厘米、高 26 厘米
中国航海博物馆藏

含墨水瓶、鹅毛笔各一件。

银质蘸墨盒

20 世纪早期
高 5.3 厘米、口径 3.7 厘米、底径 4.5 厘米
中国航海博物馆藏

船长用拐杖

18 世纪中期～ 19 世纪早期
上：长 90.5 厘米
中：长 81.8 厘米
下：长 96.5 厘米
中国航海博物馆藏

此为船长从船上走上岸时用的拐杖，分别由象牙、木质、鱼骨等制作而成。

164

荷兰航运公司烟盒

20 世纪中期
长 11.5 厘米、宽 8 厘米、高 4 厘米
中国航海博物馆藏

储酒箱

18～19世纪
长 26 厘米、宽 18 厘米、高 20 厘米
中国航海博物馆藏

船用餐具

20世纪早期
长 39 厘米、宽 39 厘米、高 24 厘米
中国航海博物馆藏

鎏金龙虾银质摆件

20 世纪早期
长 39.5 厘米、宽 18.3 厘米、高 10.5 厘米
中国航海博物馆藏

小铃

中国航海博物馆藏

执壶

20 世纪早期
高 23 厘米
中国航海博物馆藏

银质毛巾架

20 世纪早期
长 20.6 厘米、宽 15 厘米、
高 14 厘米
中国航海博物馆藏

高脚盘

20 世纪早期
高 12 厘米、口径 15.7 厘米、
底径 8.5 厘米
中国航海博物馆藏

银盘

20 世纪早期
中国航海博物馆藏

银质四棱花盘

20 世纪早期
高 2 厘米、口径 18.3 厘米
中国航海博物馆藏

高足银杯

20 世纪早期
高 18.7 厘米、口径 8.4 厘米、底径 7.2 厘米
中国航海博物馆藏

高足银杯

20 世纪早期
高 12 厘米、口径 5.4 厘米、底径 4.6 厘米
中国航海博物馆藏

高足银杯

20 世纪早期
高 14.2 厘米、口径 7 厘米、底径 5.9 厘米
中国航海博物馆藏

高足银杯

20 世纪早期
高 19.3 厘米、口径 9.1 厘米、底径 7.5 厘米
中国航海博物馆藏

调味罐

时代不详
高 10.5 厘米、口径 8 厘米、底径 7 厘米
中国航海博物馆藏

银匙 [1]

20 世纪早期
长 24.3 厘米、宽 5.9 厘米、高 2 厘米
中国航海博物馆藏

银匙 [2]

20 世纪早期
长 29.2 厘米、宽 7.6 厘米、高 2.5 厘米
中国航海博物馆藏

银匙 [3]

20 世纪早期
长 22.6 厘米、宽 5.2 厘米、高 1.7 厘米
中国航海博物馆藏

①   ②   ③

2.4 船舶发展

　　大航海活动离不开造船技术的发展。早在唐代，我国已发明了船舶的水密隔舱技术。通过历史上造船技术的不断积累，在大航海时代，我国帆船主要类型为福船、广船和沙船，郑和宝船的制造技术更达到了我国古代造船技术的顶峰；欧洲也出现了大型帆船，如卡拉克船、盖伦船等。

2.4.1 中国古船演变

新石器时代 · 跨湖桥文化（距今 8000 ～ 7000 年）

独木舟

浙江杭州萧山跨湖桥遗址出土
杭州市萧山跨湖桥遗址博物馆藏

此为我国迄今发现年代最早的独木舟，反映了我国新石器时代早期的造船水平，也印证了文献所载"刳木为舟，剡木为楫"的独木舟制作方式。

战国

水陆攻战纹铜鉴

1935 年河南汲县（今卫辉市）山彪镇 1 号墓出土
台湾"中央研院院"历史语言研究所藏

　　此铜鉴出土一对，其尺寸、形制、纹饰基本相同。此鉴以器身水陆攻战纹而闻名于世，图案纹饰均用红铜嵌镶。其中有士兵乘船作战的场景，舟船下有游鱼，可证早期船舶在军事活动中扮演的重要角色。

174

东汉

陶船

1954 年广东广州先烈路 5080 号墓出土
中国国家博物馆藏

　　船体首尾狭，中部宽，两端微上翘，底平。船内分前、中、后三舱，前舱低矮宽阔，篷顶作拱形，中舱略高，篷盖圆形微凸，后舱即舵楼最高，篷盖一脊两坡。船尾设有厕所。船上六人各司其职。此船还设有舵锚、梁檐等装置，可起到负载量大、保持行驶平稳的作用。其船舵是今见世界最早的船尾轴心舵。

盛唐

海船遇难图

敦煌莫高窟第 45 窟南壁

　　该壁画描绘了正遭遇暴风的入海求宝者。壁画上的海船造型结构清晰，船舷系帆，船上篙师掌篙，艄公使舵。除此以外，敦煌壁画中还可见楼船、庐船、双尾船等造型更为复杂的船只，是研究唐宋时期船舶及航海的珍贵资料。

北宋

郭忠恕《雪霁江行图》

台北故宫博物院藏

画中描绘了雪后江上两艘并排的大船，一旁系有小船。该图精确地画出船上门、窗、舵、桅、绳、船钉等结构的形态，表现了船夫忙于料理货物与船务的场景。有学者指出这两艘船为运河上从事漕运的漕船，属沙船一类。大型漕船可驶至近海，小型者则行于内陆江河。

元

新安沉船船体

韩国全罗南道新安郡海域出水
韩国国立海洋遗物展示馆藏

船体残长约28米、宽约6.8米，船体分成8个舱，上部腐朽，下部埋藏在海泥之下，保存较好。隔舱壁、舱壁肋骨的构造和装配与中国造船技术一致，一般认为该船属福船船型。沉船出水铜钱、陶瓷、墨书木简、紫檀木、香料、药材等大量文物，推测沉船应为从庆元港（宁波港）出发、前往日本博多港的商船。

明

郑和宝船复原模型

据文献记载，郑和船队中的充任中坚力量的大型海船称"宝船"，可立九桅、张十二帆，"大者长四十四丈四尺，阔一十八丈"，即长约151.8米、宽约61.6米。学界对宝船的种类有福船与沙船二说，对其复原也存在多种见解。此外，船队中还有专用于运输、作战等不同类型的船只，编队严密，规模庞大。

广船、福船、沙船图

载茅元仪《武备志》卷一一六《军资乘·水一》

明天启元年（1621年）刻、清初莲溪草堂重印本

中国国家图书馆藏

研究表明，中国古代造船业曾出现过三个高峰时期，早期始于秦汉，中期是唐宋，后期为元明。广船、福船和沙船，是我国古代主要的三类船型（另有与浙船并称"四大古船"一说）。

180

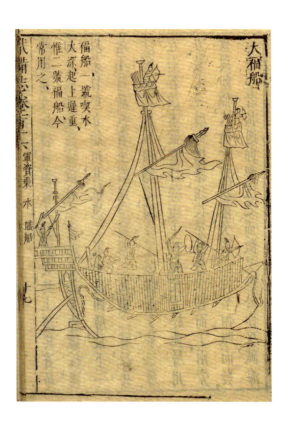

遣唐使船模型

长 148 厘米、宽 64 厘米、高 135 厘米
中国航海博物馆藏

　　盛唐文明曾居于世界领先地位，对周边国家影响重大。日本先后多次派出遣唐使团渡海来华，观摩学习唐朝的制度与文化。

　　遣唐使所乘船只，其建造者和驾驶者大都是唐人，属于典型的唐船。一般船长约 30 米，宽约 7-8 米，多为双桅双帆，船舱采用榫接钉合技术，用木板接合而成，两侧辅以船桨，便于人力助航。

"太平公主"号解剖模型

长 160 厘米、宽 50 厘米、高 50 厘米
中国航海博物馆藏

　　"太平公主"号是福建福龙中国帆船发展中心建造的一艘仿古帆船。该模型展示了古船的水密隔舱技术，即用木板将船舱分割成多个密封舱区，用以提高船体强度和抗沉性。这一结构最迟发明于唐代，宋以后在海船中普遍采用。这项技术使远程航行成为可能，在现代造船业中仍普遍使用。

2.4.2 大航海时代西方帆船类型

卡拉维尔船（小吨位帆船）

船长：75 英尺（22.8 米）

船幅：25 英尺（7.6 米）

型深：10 英尺（3 米）

排水量：60 吨

帆缆：三桅；三角帆

船上定员：12 ～ 20 人

航线：非洲海岸

船载货物：热带物资、大体积货物

　　卡拉维尔船最早出现在 13 世纪，它的雏形是伊比利亚的捕鱼船，后来船型逐渐增大，船上又铺设了甲板，桅杆也由单桅发展到双桅，后来又出现了三桅。该船的出现使人们得以进行海上长距离航行。1487 年，迪亚士正是驾驶卡拉维尔船成功绕过了非洲的好望角。

迪亚士卡拉维尔船

迪亚士卡拉维尔船剖面图

卡拉维尔 · 雷登达船

船长：75 英尺（22.8 米）

船幅：25 英尺（7.6 米）

型深：10 英尺（3 米）

排水量：60 吨

帆缆：三桅，前桅和主桅撑横帆；

后桅撑三角帆

船上定员：12 ～ 20 人

航线：非洲海岸

1492 年以后在大西洋航行

船载货物：贸易货物、金银、

木材、矿石

　　三桅的卡拉维尔船便是卡拉维尔 · 雷登达船，是当时欧洲最好的航海船。它负载量大，航海性能好，抗风能力强，极大地增强了海员在未知领域进行长途探险的信心。哥伦布船队的"平塔"号和"尼娜"号就是该船型的典型代表。但这种小吨位的帆船由于体积的限制，用途也在不断减少。

卡拉克船（大帆船）

船长：112 英尺（34.1 米）

船幅：33 英尺（10 米）

型深：17 英尺（5.18 米）

排水量：180 吨

帆缆：三桅；前桅和主桅撑横帆；

后桅撑三角帆

船上定员：20 人

航线：长途贸易航线

船载货物：皮革、油、酒、矿石

    15 世纪早期，卡拉克船出现，其设计与以往的船有了根本的不同，船的尺寸也在几年之内就增加了一倍。30 年后，该船发展为四桅，船尾装有带平衡器的后桅，桅上带有突出的圆材；船的横桅索上带有绳梯横索，桅顶撑有上桅帆。主要行驶在地中海、黑海地区的长途航线及前往北欧的航线上。

盖伦船（西班牙大帆船）

船长：126 英尺（38.4 米）

船幅：33 英尺（10 米）

型深：16 英尺（4.8 米）

排水量：250 吨

帆缆：四桅；前桅和主桅除了挂有横帆

还挂有顶帆；后桅撑三角帆；斜杠帆

船上定员：30 ～ 40 人

航线：深海区

船载货物：木材、香料、矿石、金块、

军用物资

    16 世纪早期，欧洲便开始放弃卡拉克船而普遍建造船体更长更窄的船。到 1530 年，欧洲所有的海上强国都开始发展盖伦船。盖伦船更长的船身有利于迎风行驶，船头去掉突出部分，减轻了重量，也更易控制。

西式帆船图解词汇表

A 风车
B 艉楼
C 高级船员厕所
D 船舵
E 王扶梯
F 绞盘
G 植物标本保存箱
H 鸡笼
I 小艇
J 小绞盘
K 艏斜桅
L 石炮
M 后桅楼
N 主桅楼
O 前桅楼
P 正在收卷前桅
中帆的水手

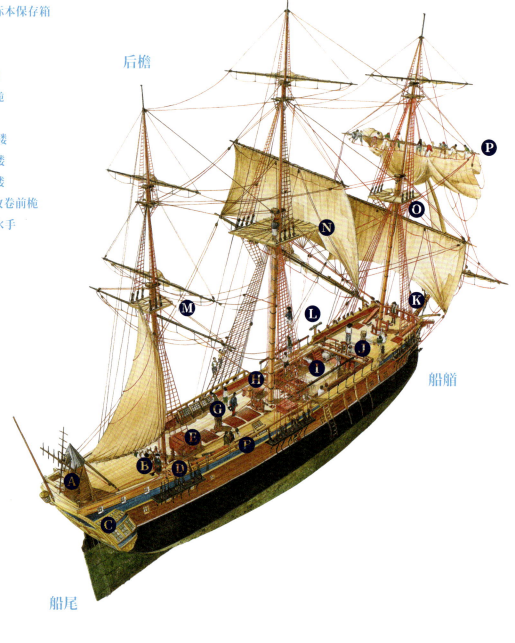

主桅

前桅

后桅

船舷

船尾

1 后桅帆
2 后桅中帆
3 后桅上帆
4 后桅支索帆
5 后中桅支索帆
6 主帆
7 中桅帆
8 上桅帆
9 主支索帆
10 中桅支索帆
11 中支索帆
12 上桅支索帆
13 前桅帆
14 前中桅帆
15 前桅上帆
16 艏斜桅横帆
17 内艏三角帆
18 外艏三角帆

西班牙盖伦船模型

长 93 厘米、宽 39 厘米、高 77 厘米
中国航海博物馆藏

"奋进"号帆船模型

长 79 厘米、宽 25 厘米、高 69 厘米
中国航海博物馆藏

"奋进"号是英国航海家詹姆斯·库克（James Cook）第一次远航时所用的船只，是由一艘煤船改造而成。库克曾于 1768 至 1779 年三次远航太平洋地区，通过观测"金星凌日"现象，确定太阳视差，计算出太阳与地球的距离；率领团队发现了新西兰，并绘制出澳大利亚西海岸的地图；探索诸多太平洋岛屿并为其命名；其将 11 年的航行发现绘制于地图上，为世界地图增添了四分之一的内容。

"英格尔曼兰德"号模型

长 132 厘米、宽 60 厘米、高 116 厘米
中国航海博物馆藏

该船由俄罗斯彼得大帝（1672～1725 年）设计并指挥建造，于 1715 年建成下水。船上装备 64 门大炮，其航海质量、航行速度、灵便性和稳定性在当时极其出色。

The Ship

1854 年
长 15 厘米、宽 13 厘米、高 1.8 厘米
中国航海博物馆藏

1854 年费城出版，收录了各国船只草图，
包括其建造和导航的方式。

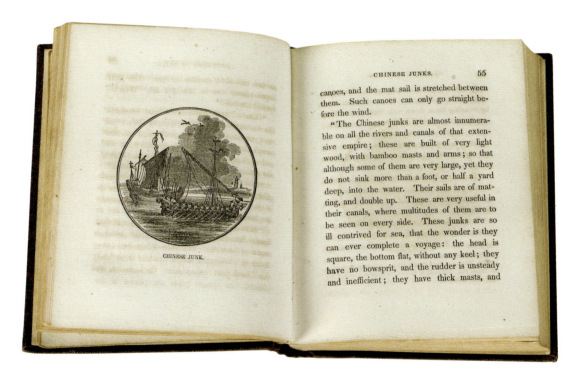

CHINESE JUNK.

CHINESE JUNKS.   55

canoes, and the mat sail is stretched between them. Such canoes can only go straight before the wind.

"The Chinese junks are almost innumerable on all the rivers and canals of that extensive empire; these are built of very light wood, with bamboo masts and arms; so that although some of them are very large, yet they do not sink more than a foot, or half a yard deep, into the water. Their sails are of matting, and double up. These are very useful in their canals, where multitudes of them are to be seen on every side. These junks are so ill contrived for sea, that the wonder is they can ever complete a voyage: the head is square, the bottom flat, without any keel; they have no bowsprit, and the rudder is unsteady and inefficient; they have thick masts, and

【三】

海上风云

Maritime Rivalries

新航线的开辟和新大陆的"发现"催生了海上贸易，为了独占贸易或者增加获利，欧洲各国在海上兵戎相见。英国逐一打败欧洲各国，对全球的控制力达到顶峰。美国在与西班牙的战争中获胜，逐步建立起海外殖民体系。中国明朝时期国力强盛，水师实力强大，多次击败欧洲来犯。

The establishment of new sea routes and the "discovery" of new continents gave rise to maritime trade. The desire to monopolize trade and increase profits led to intense naval battles among European countries. The British Empire emerged victorious in these conflicts, defeating various European powers and establishing itself as a global hegemon. The United States won the war with Spain and gradually established an overseas colonial system. During the Ming Dynasty, China successfully repelled European incursions on multiple occasions thanks to its national greatness and a powerful navy.

3.1 英西海战

哥伦布"发现"新大陆后，西班牙在北美洲殖民并大量掠夺黄金白银，至 16 世纪末世界重金属开采中 83% 为西班牙所得。在 1580 年合并葡萄牙后，西班牙在欧洲、非洲、美洲拥有广阔的海岸线，成为大西洋霸主，是第一个"日不落帝国"。

为在殖民掠夺中分一杯羹，英国支持德雷克等海盗对西班牙进行私掠，加之两国君主宗教信仰不同，各种矛盾叠加导致了第一次英西大战（1585 ~ 1604 年），其中以 1588 年的加莱海战最为著名。在此战役中，不足万人的英国舰队战胜了拥有多艘大战舰和 3 万多兵力的西班牙无敌舰队。英国的胜利打破了西班牙在大西洋上的制海权，标志着英国海上霸权的兴起。

"圣·马丁"号

船长： 122 英尺 3 英寸（37.3 米）

船幅： 30 英尺 5 英寸（9.3 米）

排水量： 1000 吨

帆缆： 三桅；前桅和主桅撑横帆；后桅撑三角帆

武器装备： 48 门重炮

船上定员： 海员、枪炮手、士兵共 350 名

　　"圣·马丁"号是 1588 年西班牙无敌舰队的旗舰。该船上配备 202 名火绳枪兵和 100 名枪炮手，主要位于船首和船尾的船楼或前桅和主桅的战斗桅楼上。后在 1588 年 8 月 8 日格瑞芙来兹战斗中，船身身受重创，经挽救后安全返航，成为 67 艘返回西班牙的船只之一。

3.2 英荷海战

  英西海战后，西班牙逐渐衰落。原属于西班牙领土的荷兰独立后发展迅猛。荷兰商队一度拥有 1.6 万余艘船只，占欧洲商船总吨位的四分之三，世界运输船只的三分之一，被称为"海上马车夫"。荷兰以此积累大量财富，同时在全球建立众多殖民地，掠夺大量资源，更触动了英国的利益。双方在 17 ~ 18 世纪爆发了四次海战，多个欧洲国家卷入其间。其中法国渔翁得利，国力大增。英国海军最终胜利，荷兰再也无力与之对抗。

"海上君王"号

船长：232 英尺（70.7 米）

船幅：46 英尺 6 英寸（14.2 米）

型深：23 英尺 6 英寸（7.1 米）

排水量：1141 吨

帆缆：三桅；前桅和主桅撑横帆，并带有上桅帆；后桅撑三角帆并带有顶帆；斜杠帆和船首斜桅上撑有顶帆

武器装备：舰炮 102 门

船上定员：海员、枪炮手、士兵共 250 名

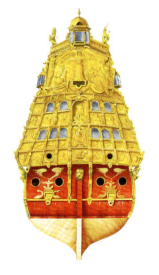

"海上君王"号船尾图

　　"海上君王"号是英国国王查理一世直接下令建造而成的。为了显示英国海军的强大力量和英国国王的特权，船上铺设三层舰炮甲板，是第一艘装载 100 门重型舰炮的战船，也是当时最为豪华的船只。

　　在 1652 ～ 1674 年的英荷战争中，这艘战船多次执行战斗任务。荷兰人称这艘镀金的庞然大物为"金色魔鬼"。1703 年，它长期的海军服役生涯走到尽头，由蜡烛引发的一场大火烧毁了该船。无论是船型大小还是帆缆设置，"海上君王"号都堪称 18 世纪一流船只的先驱。

16 世纪，欧洲骑兵的头盔、胸衣、肩胛、双护手剑、狼牙棒、短剑、转轮手枪等

15～16 世纪欧洲士兵及武器装备

3.3 英法海战

英荷战争后，荷兰渐趋衰落。此时法国国力迅速上升，成为欧洲大陆的霸主。17 世纪末到 19 世纪初，英法爆发了多次战争，其中包括著名的英法七年战争和特拉法尔加大海战。

在 1756 年爆发的英法七年战争中，英法两国各率领一些国家对战。战争以英国的胜利而告终，英国成为第二个"日不落帝国"。1805 年的特拉法尔加海战在英军和法国西班牙联军中展开，以英军大捷告终，法国则再也没有能力和英国对抗。英国打败了欧洲各国，开始称霸世界。

"法国皇太子"号

船长：144 英尺（40 米）

船幅：40 英尺（12.2 米）

排水量：1060 吨

帆缆：三桅；横帆，主桅撑有翼横帆；后桅撑三角帆并带有上桅帆；斜杠帆；船首斜桅上撑有顶帆

武器装备：舰炮 104 门

船上定员：760 人

"法国皇太子"号属于"万塞船"，是当时的一流船只。与英国同类型船只相比，其船身更宽，可以装载更多的舰炮；吃水深度更浅，可增强船的稳定性；在特殊情况下，英国船只需将底层炮眼封闭，而该船底层的炮眼却依旧保持在船的吃水线以上，可以舰炮齐射。在 1666 年法英宣战后，该船就一直执行战斗任务，成为法国舰队的一部分。

"胜利"号是英国海军历史上的一艘名舰。1759 年开始建造；1765 年下水；1778 年正式编入现役。1803 年，该船成为英国海军上将纳尔逊的旗舰，参与特拉法尔加海战，并重创对方旗舰。

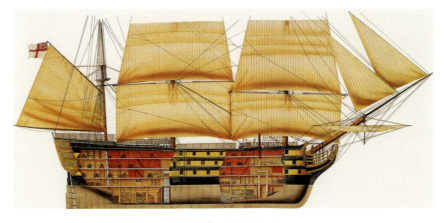

"胜利"号剖面图

特拉法尔加海战图

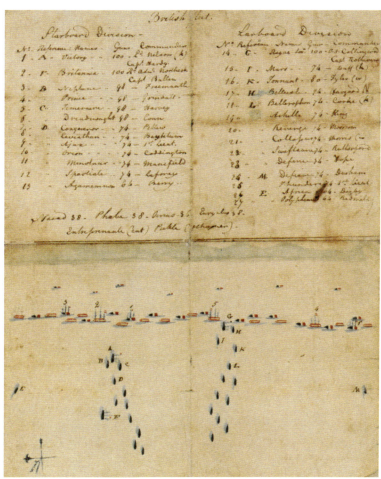

特拉法尔加战役简图

霍雷肖·纳尔逊油画画像（复制品）

长 88 厘米、宽 73 厘米
中国航海博物馆藏

3.4 美西战争

    美国在建国之初的 1790 年，人口不到 400 万，领土面积仅 89 万多平方英里。19 世纪中晚期以后，通过战争吞并和购买的方式，美国领土已比建国时扩张了 10 倍，并在第二次工业革命的推动下迅速完成近代工业化，在世界工业中的比重超过英国，上升到第一位，成为名副其实的"世界工厂"。

    1898 年，美国在与西班牙的战争中大获全胜，夺取了古巴和菲律宾等殖民地。这是新兴国家与老牌殖民帝国进行的一次战争，也是美国扩张活动由大陆转向海外的一个标志。此后，美国的海外殖民体系基本形成。

阿尔弗雷德·塞耶·马汉
（1840～1914年）

1890～1897年，美国军事理论家马汉通过著书立说，奠定了美国"海权论"的基础。他认为制海权是国家实力的关键，有制海权的民族才是历史上最伟大的民族。唯有那些拥有强大海军的国家，才能实现世界霸权。马汉的"海权论"被认为影响了世界历史进程。

美西海战图

"缅因"号

排水量：7180 吨

主尺度：97.3 米 ×17.4 米 ×6.5 米

船用设备：双叶螺旋桨，垂直三次膨胀式发动机，4 台锅炉：9000 马力

航速：17 节

船上定员：374 人

　　"缅因"号是美国海军军舰，因设计中的方案转换问题，其武器设置与其他船舰迥异，本身潜藏着爆炸的危险。其于 1898 年 1 月被派往古巴的哈瓦那，保护美国在那里的利益，2 月 15 日在锚地爆炸，船上共 260 人丧生。"缅因"号的爆炸成为美西战争的导火索。

3.5 屯门海战

　　16 世纪初，随着新航路的开辟，西欧国家开始向东方进行殖民扩张。明正德年间，葡萄牙殖民者以通商为由，企图在广东屯门修筑堡垒作为据点，并派舰队侵扰南头。正德十六年 (1521 年) 和嘉靖元年 (1522 年) 间，广东按察司按察使汪鋐率领军民与葡萄牙舰队在屯门海澳与西草湾激战，击败了葡萄牙舰队，事后更赋诗纪胜。屯门海战成为中国人民抵御西方殖民侵略斗争的首战。

佛朗机图

载茅元仪《武备志》卷一二二《军资乘·火四》
明天启元年（1621年）刻、清初莲溪草堂重印本
中国国家图书馆藏

汪鋐率先引进、推广使用的西方先进武器"佛朗机"铳，是明代的边防利器。

汪鋐《驻节南头喜乡耆吴瑗、郑志锐画攻屯门彝之策赋此》

载靳文谟修、邓文蔚纂《新安县志》
清康熙二十七年（1688年）新安县衙刻本
中国国家图书馆藏

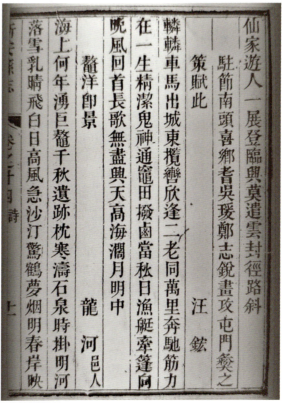

各国海军武器

海军军官带鞘佩刀 [1]

18 世纪晚期
鞘长 86 厘米、宽 6.7 厘米、格宽 13 厘米、
刀柄长 12 厘米
中国航海博物馆藏

英国皇家海军军官指挥刀 [2]

19 世纪晚期 ～ 20 世纪早期
长 96 厘米、宽 13 厘米、高 5 厘米
中国航海博物馆藏

英国皇家海军军官指挥刀 [3]

19 世纪晚期 ～ 20 世纪早期
长 95 厘米、宽 11 厘米、
高 7 厘米
中国航海博物馆藏

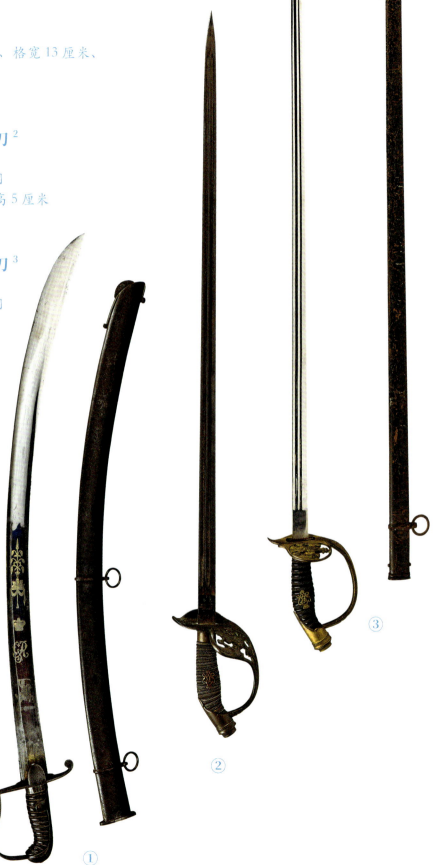

① ② ③

英国皇家海军军官指挥刀 [1]

19 世纪晚期～ 20 世纪早期
长 87 厘米、宽 15 厘米、高 8 厘米
中国航海博物馆藏

法国制海军军官带鞘狮头佩剑 [2]

1895 年
长 94 厘米、宽 11 厘米
长 90 厘米、宽 11 厘米
材质：金属剑身、皮质剑鞘
2 剑 2 鞘
中国航海博物馆藏

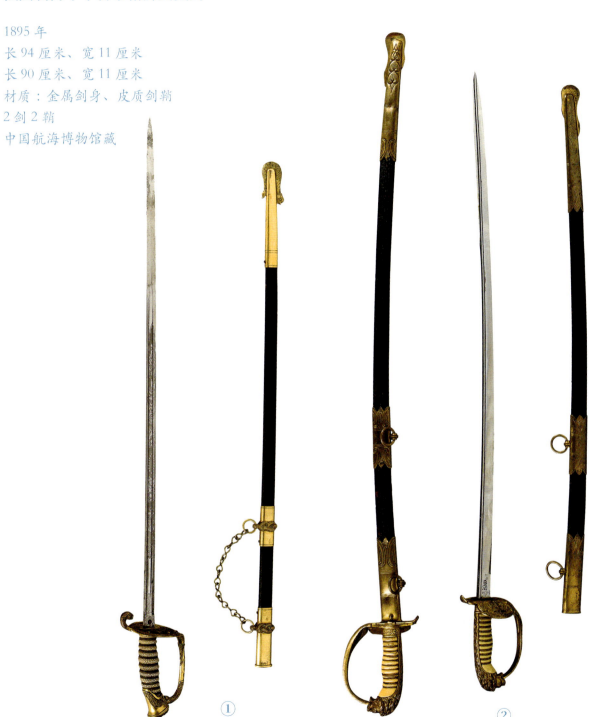

①   ②

法国海军军官镀银护手佩剑 [1]

20 世纪早期
长 95.5 厘米、宽 12 厘米、高 13 厘米
中国航海博物馆藏

　　该剑镀银，装饰图案有趣，有海豚头、绳子、船锚、贝壳等，剑柄周围饰有枫叶。

德国海军带鞘佩剑 [2]

19 世纪
鞘长 89.5 厘米、宽 2.7 厘米、高 1.6 厘米
剑身长 84.2 厘米、宽 1.6 厘米
柄长 9 厘米、宽 2.8 厘米、高 1.8 厘米
刃长 81.2 厘米、血槽 71.8 厘米
中国航海博物馆藏

美国海军带鞘佩剑 [3]

19 世纪
长 91 厘米、宽 11 厘米、高 7 厘米
中国航海博物馆藏

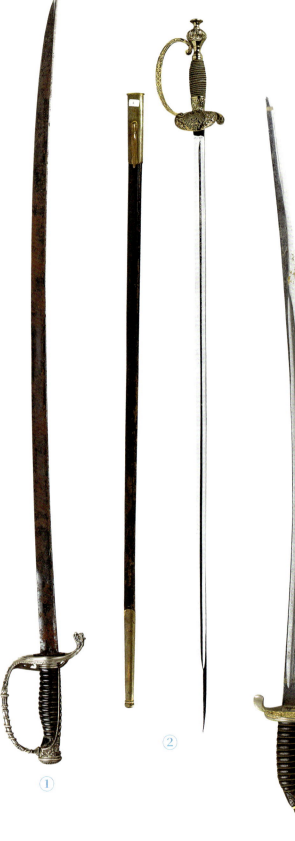

① ② ③

墨西哥海军带鞘佩剑[1]

19 世纪晚期
长 61 厘米、宽 12 厘米、高 3 厘米
中国航海博物馆藏

印度海军军官指挥刀[2]

19 世纪
鞘长 69.7 厘米、宽 4.1 厘米、高 1.5 厘米
剑身长 69 厘米、宽 2.7 厘米、高 0.5 厘米
柄长 11.4 厘米、宽 2.4 厘米、高 1.7 厘米
刃长 47.7 厘米、血槽长 24.5 厘米
护手长 7 厘米、宽 10 厘米、高 12.2 厘米
中国航海博物馆藏

①

②

各国海军战舰船只立体照片

19 世纪晚期～ 20 世纪早期
单张长 17.6 厘米、宽 9 厘米
中国航海博物馆藏

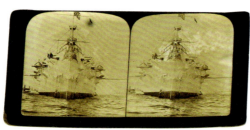

【四】

异域同天

Different Places, Same Sky

大航海时代，海上航线将世界联通为一个整体。这极大地促进了全球在物质、文化、科技、艺术等方面的交流。在新时代，各国争先恐后地展开了对海洋更深层次和更广范围的探索和利用。

During Age of Navigation, maritime routes brought the world together as a unified entity. This facilitated extensive global exchanges in terms of resources, culture, technology, and art. In this new era, countries eagerly engaged in longer and more wide-ranging explorations that exploited the potential of the oceans.

4.1 互通有无

  大航海时代到来之前，世界各地不同文明的交流主要依靠陆上交通展开，亚洲、欧洲、非洲间的交流相对频繁，美洲、大洋洲等地区则较为孤立。随着新航路的开辟，海上交流日益加深，各国在物资贸易、文化艺术和科学技术等方面得以互通有无，各地人们的物质与精神生活大为丰富。

4.1.1 物资贸易

　　大航海时代的到来，改变了传统的贸易方式，不同地区的货币、器用等随之加速流动，深刻地影响了各地人们日常生活中的语言、礼仪、饮食等方方面面。全球化贸易的深入更促成了公司的诞生。为保护本国在印度地区的贸易和殖民统治，英国、荷兰、丹麦、葡萄牙、法国、瑞典和奥地利等欧洲七国纷纷在 17 ～ 18 世纪于印度地区成立了股份制的东印度公司，当中以英国和荷兰东印度公司最为强大。17 世纪中期，荷兰东印度公司的贸易额占全球总贸易额的一半。

英国东印度公司位于英国总部的大楼

《荷使首访中国记》

17 世纪晚期
长 32.5 厘米、宽 22.5 厘米、高 7 厘米
约翰·尼霍夫（1618-1672 年）
中国航海博物馆藏

该书描述 1655 ～ 1657 年荷兰东印度公司首次派遣使团觐见顺治皇帝的旅程，多达 150 幅描绘中国地理、风俗的插图呈现出清初大运河沿线风貌。虽然西方画师擅自融入许多欧洲人想象的异国元素，但该书当时仍被视为欧洲最信实的中国著述。书中的图像更影响了 17 世纪末到 18 世纪初"中国风"的艺术风格。

《荷使第二次和第三次出访中国记》

17 世纪晚期
长 33.5 厘米、宽 22 厘米、高 6 厘米
欧弗特·达帕
中国航海博物馆藏

该书于 1670 年出版，记录亲历荷兰东印度公司使节出访中国的见闻。书中还记录了台湾的地理、历史、物产、风土民情及重要历史事件，是研究 16、17 世纪台湾历史极为重要的文献资料。

英国东印度公司回复文件

1833 年
长 36 厘米、宽 23 厘米
中国航海博物馆藏

此为 1833 年东印度公司董事会就英国下议院要求提供"阿姆赫斯特"号船在中国东北岸线航行日志及广州货运副本等事宜的回复文件。

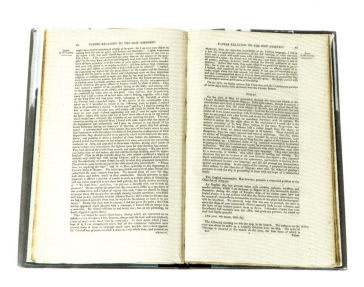

伦敦泰晤士河畔全景图

1851 年
长 574 厘米、宽 15.6 厘米
中国航海博物馆藏

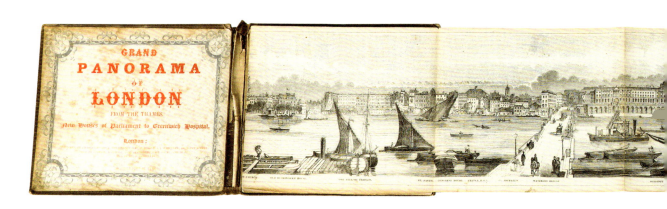

《关于经瑞典东印度公司出口到瑞典的中国瓷器情况的研究报告》

1879 年

长 32 厘米、宽 26 厘米

中国航海博物馆藏

　　这份报告详尽地记录瑞典商船进出中国港口的时间、中国瓷器出口的数量、品种的产地等信息，显示出瑞典和中国之间频繁的贸易往来。

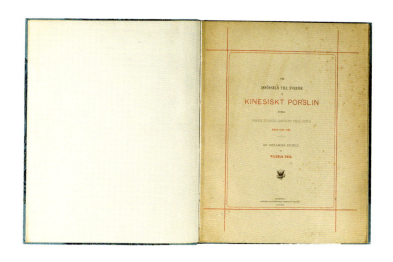

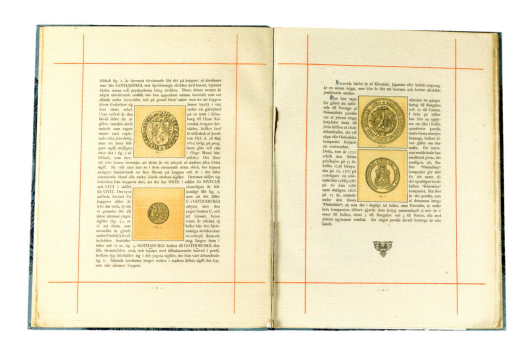

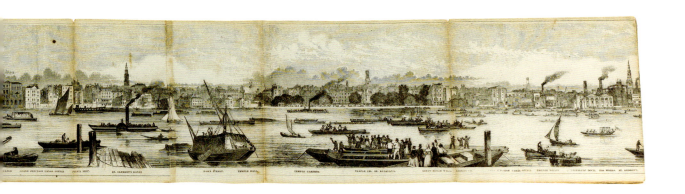

"哥德堡"号模型

长 146 厘米、宽 66 厘米、高 133 厘米
中国航海博物馆藏

　　"哥德堡"号为 18 世纪瑞典东印度公司商
船，1739 年至 1743 年三次来到中国从事瓷器
贸易，1745 年回航瑞典途中沉没。

一、货币

16 世纪欧洲人在美洲发现银矿后，世界白银生产增长处于巅峰时期。在 1500 ～ 1800 年间，美洲的墨西哥、玻利维亚和秘鲁占世界白银生产和贸易的份额超过 85%，白银从美洲流向世界各地，成为当时世界上流通最广的货币。19 世纪末期，随着金本位的崛起，白银逐渐丧失货币功能。

英国乔治二世 6 便士银币

1758 年
直径 2 厘米
中国航海博物馆藏

法国路易十四世银币

1708 年
直径 2.6 厘米
中国航海博物馆藏

法国路易十五银币

1736 年
直径 2.8 厘米
中国航海博物馆藏

法国拿破仑三世 1 法郎银币

1867 年
直径 2.2 厘米
中国航海博物馆藏

美国自由女神像银币

1798 年
直径 4 厘米
中国航海博物馆藏

荷兰盾徽帆船 6 斯提弗银币

1707 年
直径 2.3 厘米
中国航海博物馆藏

荷兰 2 斯提弗银币

1725 年
直径 1.8 厘米
中国航海博物馆藏

荷兰盾徽 2 斯提弗银币

1725 年
直径 1.9 厘米
中国航海博物馆藏

荷兰狮子盾徽 6 斯提弗银币

1735 年
直径 2.6 厘米
中国航海博物馆藏

荷兰盾徽帆船 6 斯提弗银币

1753 年
直径 2.5 厘米
中国航海博物馆藏

荷兰 2 斯提弗银币

1760 年
直径 1.8 厘米
中国航海博物馆藏

荷兰武士持剑银币

1764 年
直径 2.8 厘米
中国航海博物馆藏

荷兰 2 斯提弗银币

1777 年
直径 1.8 厘米
中国航海博物馆藏

荷兰盾徽帆船 6 斯提弗银币

1777 年
直径 2.5 厘米
中国航海博物馆藏

　　银币正面是一只水狮图案，背面
是帆船，银币正反两面图案四周刻有
英文。

荷兰威廉二世 25 分银币

1848 年
直径 1.9 厘米
中国航海博物馆藏

西班牙银币

15 ～ 16 世纪
直径 3 厘米
中国航海博物馆藏

西班牙银币

15 ～ 16 世纪
直径 3.5 厘米
中国航海博物馆藏

西班牙腓力三世 8 里亚尔银币

1618 年
直径 4.2 厘米
中国航海博物馆藏

西班牙卡洛斯三世 4 里亚尔银币

1776 年
直径 3.5 厘米
中国航海博物馆藏

西班牙十字银币一元型

17 ～ 18 世纪
长 4.5 厘米、宽 4 厘米
中国航海博物馆藏

西班牙十字银币半元型

17 ～ 18 世纪
长 3.4 厘米、宽 2.5 厘米
中国航海博物馆藏

西班牙十字银币一角型

17 ～ 18 世纪
直径 1.6 厘米
中国航海博物馆藏

西班牙十字银币五分型

17 ～ 18 世纪
长 1.8 厘米、宽 1.3 厘米
中国航海博物馆藏

西班牙银币

18 世纪
直径 2.2 厘米
中国航海博物馆藏

奥地利银币

1765 年
直径 3.4 厘米
中国航海博物馆藏

梵蒂冈庇护九世 10 索第银币

1868 年
直径 1.8 厘米
中国航海博物馆藏

英属海峡殖民地 5 分银币

1871 年
直径 1.4 厘米
中国航海博物馆藏

英属毛里求斯 20 分银币

1877 年
直径 1.7 厘米
中国航海博物馆藏

法属交趾支那 50 分银币

1879 年
直径 2.8 厘米
中国航海博物馆藏

西属墨西哥十字盾徽
8 里亚尔银币

直径 3.5 厘米
中国航海博物馆藏

西属墨西哥十字盾徽银币

1653 年
长 3.5 厘米、宽 4 厘米
中国航海博物馆藏

西属墨西哥腓力五世 1 里亚尔银币

1733 年
直径 2 厘米
中国航海博物馆藏

西属墨西哥腓力五世 4 里亚尔银币

1733 年
直径 3.5 厘米
中国航海博物馆藏

西属墨西哥腓力五世 2 里亚尔银币

1745 年
直径 2.5 厘米
中国航海博物馆藏

西属墨西哥费迪南六世 1/2 里亚尔银币

1751 年
直径 1.5 厘米
中国航海博物馆藏

西属墨西哥卡洛斯三世 4 里亚尔银币

1764 年
直径 3.5 厘米
中国航海博物馆藏

西属墨西哥卡洛斯三世

8 里亚尔银币

1768 年
直径 4 厘米
中国航海博物馆藏

西属墨西哥卡洛斯三世 2 里亚尔银币

1771 年
直径 2.5 厘米
中国航海博物馆藏

西属墨西哥 1/4 里亚尔银币

1796 年
直径 1 厘米
中国航海博物馆藏

西属墨西哥费迪南七世 1 里亚尔银币

1814 年
直径 2 厘米
中国航海博物馆藏

西属秘鲁波多西 2 里亚尔银块

1686 年
直径 2.5 厘米
中国航海博物馆藏

西属秘鲁银币

1709 年
直径 2 厘米
中国航海博物馆藏

西属玻利维亚银 1/2 里亚尔银币

1738 年
直径 1.6 厘米
中国航海博物馆藏

西属智利卡洛斯四世银币

1791 年
直径 3.5 厘米
中国航海博物馆藏

西属智利费迪南七世

4 里亚尔银币

1812 年
直径 3.5 厘米
中国航海博物馆藏

236

西属菲律宾伊莎贝尔二世

10 里亚尔银币

1861 年
直径 1.8 厘米
中国航海博物馆藏

西属菲律宾阿方索十二世

10 里亚尔银币

1881 年
直径 1.8 厘米
中国航海博物馆藏

**西属菲律宾阿方索十二世
4 里亚尔银币**

1885 年
直径 3 厘米
中国航海博物馆藏

西属哥伦比亚十字银币

长 1.8、宽 1.8 厘米
中国航海博物馆藏

荷属东印度盾徽帆船 1/4 盾银币

1802 年
直径 2.1 厘米
中国航海博物馆藏

荷属东印度威廉一世 1/4 盾银币

1826 年
直径 1.9 厘米
中国航海博物馆藏

荷属东印度威廉一世 1/4 盾银币

1827 年

直径 2 厘米

中国航海博物馆藏

荷属东印度威廉一世 1/4 盾银币

1834 年

直径 2 厘米

中国航海博物馆藏

荷属东印度威廉一世 1/2 盾银币

1834 年

直径 2.2 厘米

中国航海博物馆藏

荷属东印度威廉一世 1 盾银币

1840 年

直径 2.9 厘米

中国航海博物馆藏

荷属东印度 1 盾银币

1854 年
直径 1.8 厘米
中国航海博物馆藏

荷属东印度 1/4 盾银币

1868 年
直径 1.8 厘米
中国航海博物馆藏

印度银币

直径 2.2 厘米
中国航海博物馆藏

印度银币

直径 2.5 厘米
中国航海博物馆藏

伊斯兰历 1172 年印度银币

1758 ～ 1759 年
直径 2.2 厘米
中国航海博物馆藏

印尼银币

1766 年
直径 2.3 厘米
中国航海博物馆藏

马来西亚银币

17 ～ 18 世纪
直径 2 厘米
中国航海博物馆藏

马来银币

1888 年
直径 1.6 厘米
中国航海博物馆藏

日本明治四年 20 钱银币

1871 年
直径 2.4 厘米
中国航海博物馆藏

日本明治八年 20 钱银币

1875 年
直径 2.2 厘米
中国航海博物馆藏

日本明治十年 5 钱银币

1877 年
直径 1.4 厘米
中国航海博物馆藏

大韩光武二年一两银币

1898 年
直径 2.2 厘米
中国航海博物馆藏

香港一毫银币

1864 年
直径 1.7 厘米
中国航海博物馆藏

泰国金法轮白象银币

19 世纪
直径 1.5 厘米
中国航海博物馆藏

柬埔寨红鸟银币

19 世纪
直径 2.2 厘米
中国航海博物馆藏

越南明命通宝龙文银币

19 世纪
直径 3.6 厘米
中国航海博物馆藏

二、器物

中国的瓷器、漆器和银器等极受欧洲市场欢迎。在清朝，广州十三行专门从事此类货物的出口。鼎盛时期，十三行有 5000 余家专营外销商品的店铺，约 25 万匠人专门从事外销工艺品的生产和制作。

（一）瓷器

中国是瓷器的故乡，瓷器自唐宋以来便是中国对外出口的大宗商品，在大航海时代以来的繁荣贸易中更是达到其外销顶峰。这一时期的瓷器，器型、纹饰、风格多样，既有中国瓷器的传统之美，又有为迎合欧美市场的异域风尚。

《诸神的盛宴》

乔凡尼·贝里尼、
提香
1514 ～ 1529 年
美国国家美术馆
藏

画面描绘朱庇特、阿波罗等诸神林中宴饮的场景。林中仙女宁芙手持和地上放置的器皿是中国青花瓷器，左边萨提尔头上顶的是仿中国青花的意大利陶器。

《静物画》

艾萨克·索罗
17 世纪
意大利都灵萨巴杜画廊藏

17 世纪时，青花瓷常作为日常生活用具频繁现身于欧洲静物画中。

青花花卉纹八棱执壶

元（1271 ～ 1368 年）
通高 27.5 厘米、底径 7.7 厘米
南海海域出水
中国（海南）南海博物馆藏

　　此器釉色因长期在海水中浸泡而略失光泽，壶口、流部位被海洋胶结物覆盖。此器造型可能模仿西亚、中亚地区的金属器样式，也是海上瓷器贸易的重要例证。

漳州窑红绿彩阿拉伯文瓷盘

明（1368～1644年）
口径35.7厘米、底径17.3厘米、高7.5厘米
中国港口博物馆藏

阿拉伯半岛在7世纪统一后，阿拉伯文字成为了《古兰经》所使用的文字体系。此盘内图案、文字内容即《古兰经》中的吉祥箴言，当为伊斯兰教徒定制，一般作为供器或陈设器。作为重要的外销商品，漳州窑瓷器上多见伊斯兰文化元素。

景德镇窑红绿彩描金花卉纹瓷执壶

明（1368～1644 年）
口径 5.5 厘米、底径 18 厘米、高 25 厘米
中国港口博物馆藏

器表施以红绿彩加描金作为装饰。红绿彩技术于金元时期已运用于瓷器装饰，然而本品风格有别于传统，或用于外销。此类红绿彩描金执壶在国内的墓葬或遗址中罕有出土，在中东、菲律宾及日本等国家和地区有少量发现。

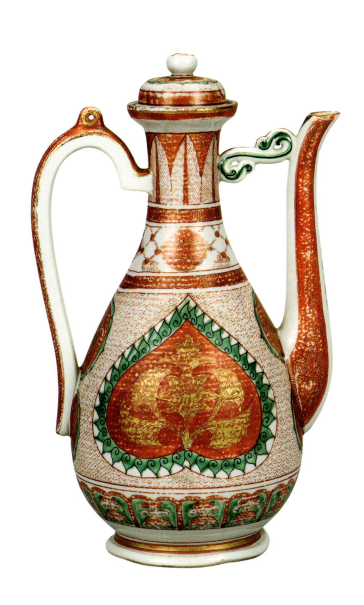

广彩开光波斯文人物花卉纹盘

清（1644～1911 年）
高 6.4 厘米、口径 35.7 厘米、底径 20.5 厘米
中国（海南）南海博物馆藏

该盘外壁素面无纹，内壁则以多种釉彩满绘纹饰，开光内绘花鸟与庭院人物纹饰，开光间亦填以花卉纹，盘心为几何纹环绕的波斯文字。整器纹饰繁复紧密，构图饱满，属于典型的外销瓷器。

广彩开光波斯文人物花卉纹碗

清（1644～1911年）
高 17.2 厘米、口径 39.7 厘米、底径 23.3 厘米
中国（海南）南海博物馆藏

该碗器形硕大，内外壁皆满绘纹饰，以多个圆形及方形开光表现花鸟及庭院人物纹饰。外壁上腹部两组几何纹带之间置两个对称的圆形开光，内书波斯文，意为：尊敬的皇上玛素德委托米尔孜丁订做，伊斯兰历 1297 年。

五彩花卉凤鸟纹壁瓶

清 康熙（1662～1722 年）
通高 45 厘米、宽 21 厘米
中国（海南）南海博物馆藏

此瓶呈半瓜楞形，后壁平坦，有两个凹槽用于悬挂。瓶腹饰花卉凤鸟纹，下方作凸起的人头形象，口部即为出水口。

17 至 18 世纪早期，在欧洲富裕家庭中常设置有储水盖罐与接水盆，用于盥洗，瓷质者当自中国进口，此瓶即属其一。

广彩开光西洋人物风景图茶壶

清（1644 ～ 1911 年）
长 18 厘米、宽 10 厘米、高 13 厘米
中国航海博物馆藏

这件茶壶腹部开光内所绘欧式设计图案，当取自德国梅森窑的一种风格，由中国工匠依样绘制。这类广彩茶具常作为外销商品成套出售，多以西洋人物风景作为装饰题材。

广彩西洋人物图叶形盘

清（1644～1911年）
长20厘米、宽14.5厘米、高2.5厘米
中国航海博物馆藏

　　盘内开光绘有情侣图，是西洋人比较喜爱的一个题材。此盘是西餐饭后甜点餐具之一。

广彩西洋人物图碗

清（1644 ～ 1911 年）
高 7 厘米、口径 16.5 厘米
中国航海博物馆藏

　　此碗通体内外施白釉。碗内光素
无纹饰，碗外绘有一组西洋人物图，
笔触细腻，形象逼真，具有强烈的立
体感。

广彩花口盘

清（1644 ～ 1911 年）
长 22 厘米、宽 22 厘米、高 7 厘米
中国航海博物馆藏

（二）纹章瓷

　　纹章瓷因瓷器上绘有欧洲个人、家族、皇室、社团、公司或城市的纹章而得名。纹章源自中世纪时期的盾牌，用于区分全身穿盔甲而无法识别身份的战斗者，随后逐渐演变成个人财富和身份的象征。

纹章瓷器型

餐具

①上菜盘
②餐盘
③汤盘
④汤窝

①

②

③

④

纹章构成示意图

盔饰（直立的鹰首）

饰环

披幅

公爵以下贵族使用的朝向右侧敞开栅栏式头盔

男爵冠冕

盾牌（纹章的主体部分）

老鹰护像

家族箴言
(THINK ON 意为"思量")

258

纹章中体现婚姻的常见形式

形式	并置式	象征性小盾	并排斜靠式
组合规则	男女双方纹章并排放置在同一盾牌内，男方纹章在左，女方纹章在右。	女方家族纹章以象征性小盾的形式放置在男方的盾牌中间。	夫妻双方纹章并排并向彼此斜靠。
图例			
适用情况	英国地区，女方来自持有纹章的家庭，但不是纹章的继承人。其他地区并不分女方是否为纹章继承人。	英国地区，女方为某家族纹章的继承人。	欧洲大部分地区自由采用。
后代纹章	英国地区，后代仅继承父亲的纹章。	英国地区，后代纹章以等分的形式同时继承父亲和母亲的纹章。	根据各国不同纹章法则采用的不同形式。

17 咖啡壶
18 茶叶罐
19 糖罐
20 废水碗
21 奶壶

⑰

⑱

⑲

⑳

㉑

酒具

⑫冰酒桶
⑬潘趣酒碗
⑭啤酒杯

⑫   ⑬   ⑭

茶具和咖啡具

⑮茶杯及托碟
⑯茶壶

⑮

⑯

通过辨识纹章盾牌上的寓意物及所在的位置、纹章的用色、分区及其他细节，就能解读纹章背后隐含的故事。纹章能够体现持有人的身份、婚姻状况，以及先辈和子嗣的信息。纹章越复杂，展现的信息越丰富。

头盔的样式

候补骑士　　　　骑士与准男爵　　　公爵以下的贵族　　　王子与公爵

贵族冠冕样式

公爵　　　　　　　　　侯爵　　　　　　　　伯爵

子爵　　　　　　　　　男爵　　　　　　城墙冠（赐予军人）

帆船冠（赐予海军）　　　东正冠　　　　（英王、贵族的）冠冕

后代的标志

继承人长子　　　　次子　　　　　第三子　　　　第四子

第五子　　　　　第六子　　　　　第七子　　　　第八子

盾牌的分隔方式

横带　　对角　　对角（表示　垂直　　v形　　四分　　x形
　　　　　　　非婚生）

三角形　　六组横线　　六组斜线　　八组垂直线　v形雉堞线　波浪形横带

⑤盐碟

⑥酱菜碟

⑦酱汁斗

⑤

⑥

⑦

甜点具

⑧甜点碟

⑨糖渍水果碟

⑩蜜饯碟

⑪水果篮

⑧

⑨

⑩

⑪

广彩西班牙王室纹章盘

清（1644 ～ 1911 年）
高 2.5 厘米、口径 20 厘米
中国航海博物馆藏

此纹章盘绘画中间绘有王室皇
冠徽章，徽章周围绘有广彩传统翠
鸟和花卉图案。

广彩纹章盖罐

清（1644～1911年）
高 9.5 厘米、口径 7.5 厘米
中国航海博物馆藏

青花纹章盘

清（1644～1911年）
口径 22 厘米
中国航海博物馆藏

此盘中央绘有徽章，徽章装饰图案比较大，口沿青花绘有折枝花和小徽章作边饰，突出了徽章的重要位置。

青花描金纹章温盘

清 (1644 ～ 1911 年)
长 32 厘米、宽 21.5 厘米、高 5 厘米
中国航海博物馆藏

此温盘呈椭圆形，盘子有两层，中间为空，两侧各有一个带孔口的纽，既可当作手柄来端盘子，又可从此处注入热水，使盘子里的菜肴保温。

青花纹章汤盘

清（1644 ～ 1911 年）
高 5 厘米、口径 32 厘米
中国航海博物馆藏

（三）漆器

漆器是中国古代在化学工艺及工艺美术方面的重要发明，发源于新石器时代，在明清时代达到极高水平，更成为外销货物的重要品类之一。

黑漆描金制茶图盒与锡茶叶罐

清（1644 ～ 1911 年）
高 11.2 厘米、长 22.8 厘米、宽 16.5 厘米
中国港口博物馆藏

此盒黑漆描金，盖面及器身分绘捡茶、炒茶、称重、登记、装箱运输等茶叶外销的各个环节。盒底部配有兽形盒脚。盒内配有两个锡制茶叶罐。

18 世纪中国外销欧洲的家具以漆木为主，多采用黑漆描金的装饰手法。西式造型与中式纹样相结合，对欧洲装饰艺术产生了深远影响。

（四）银器

银器在欧洲自古以来便是权力与地位的象征，多用于宗教活动及王室贵族的生活中。中国外销银器采用传统银器制作工艺，以西式器型为主，中式纹饰为辅，种类涵盖咖啡具、茶具、餐具、酒具、烟具等实用器，奖杯、纪念碗、花瓶、花插、麻姑、寿星等装饰器，以及镜子、粉盒、胭脂盒等女士贴身用品。

银累丝花卉纹名片盒

清（1644 ～ 1911 年）
长 9.5 厘米、宽 6.5 厘米、高 1 厘米
中国航海博物馆藏

18 世纪末至 19 世纪，名片被欧美社会的社交圈广泛使用，放置名片的名片盒成为绅士淑女的随身之物，被视为重要配饰。

银錾纹章菊花纹茶具

清（1644～1911 年）
口径 12.5 厘米、底径 7.7 厘米
中国航海博物馆藏

266

银錾福禄寿高足杯

清（1644～1911 年）
长 8.5 厘米、宽 8.5 厘米、高 15.5 厘米
中国航海博物馆藏

近现代酒类通常以航海方式进行贸易运输。酒的贸易促进了全球酒文化的交融，也使作为容器的酒具成为全球海洋贸易的重要见证物。

雕花银套玻璃酒瓶

清 (1644 ～ 1911 年)
高 29 厘米、口径 3 厘米
中国航海博物馆藏

三、饮食

　　玉米、马铃薯、咖啡、可可、茶、蔗糖等商品从原产地被销往世界各地。各类商品不仅丰富了各国人民的物质生活，也在无形中推动各国文化的交流与融合。

（一）咖啡

　　咖啡贸易从 16 世纪末风靡至 19 世纪，其原产地是非洲的埃塞俄比亚，后被引进到西亚的也门摩卡港，摩卡咖啡也因此得名。咖啡最初被视为清醒和镇痛的饮料传播到欧洲各地，后边喝咖啡边谈生意的商业习惯逐渐流行。英国伦敦的第一家咖啡馆约于 1652 年开业，油画中多有表现这一时期咖啡馆的盛况。

17 世纪末期伦敦的一家咖啡馆

Reaching for the Horizon Great Voyages of Discovery Connecting the World

（二）茶叶

　　17 世纪初，茶叶传到欧洲，茶与糖结合组成的饮品，不仅改善了欧洲人的饮食结构，还改善了其身体状况，减少坏疽性咽炎以及很多肠道疾病。红茶在历史上长期从中国出口，一直到 19 世纪中期之后，南亚红茶业才开始与中国竞争。喜爱饮茶的英国还衍生出下午茶文化。

18 世纪法国贵族饮茶场景

《女士与军官品茶图》

约 1715 年
英国维多利亚及阿尔伯特博
物馆藏

（三）可可豆

　　1519 年，西班牙探险家荷南 · 考特斯到达美洲时，发现墨西哥人将可可豆制成一种叫做巧克力（意思是热饮料）的饮品。巧克力引入西班牙后很快受到贵族们的欢迎，陆续传到了英、法等国，随后在欧洲上流社会形成时尚。到 19 世纪，它从热饮变成广受欢迎的固体糖果，盛行不衰。

正在准备可可饮品的阿兹特克妇女　　拿着可可果实的阿兹特克男性雕塑

1440 ～ 1521 年

《清晨的巧克力》

1775 ~ 1780 年
彼得罗·隆吉（威尼斯画家）
意大利威尼斯雷佐尼科宫藏

《饮巧克力的女士》

1744 年
让·艾蒂安·利奥塔尔
英国国家画廊藏

图中的女性在饮巧克力热饮，桌上展示了该饮品所需的用具。

（四）蔗糖

　　蔗糖来自甘蔗，原产地为埃及，后由伊斯兰教徒传入欧洲。蔗糖也被视为包治百病的良药，受到欧洲人的青睐。甘蔗只在热带和亚热带生长，欧洲本土无法种植。欧洲对蔗糖的大量需求及其生产的特殊环境条件，使蔗糖生产与奴隶贸易紧密相连。西班牙在加勒比海的殖民地曾是重要的蔗糖生产地。

甘蔗收割图

蔗糖生产图

明代传入中国的农作物

名称	原产地	文献记载传入时代	引种地区	依据文献
番薯	中美洲	明	安南（越南）	《东莞凤岗陈氏族谱》
			吕宋（菲律宾）	《金薯传习录》
玉米	墨西哥	明		
烟草	南美洲	明	吕宋（菲律宾）	《景岳全书》
辣椒	中美洲	明		《草花谱》
番茄	南美洲	明		《群芳谱》
向日葵	北美洲	明		《群芳谱》
芒果	印度、缅甸	明		《广东通志初稿》
大粒型花生	南美洲	明清之际	日本	光绪《慈溪县志》
马铃薯	南美洲	明清之际	荷兰	《美洲作物的引进、传播及其对中国粮食生产的影响》

来源：广东省博物馆编《牵星过洋：万历时代的海贸传奇》，岭南美术出版社，2015 年

4.1.2 文化艺术

    大航海时代促进了文化艺术的交流。语言是文化的重要载体。西班牙语、葡萄牙语和英语随着欧洲人对亚洲、非洲和美洲的殖民，成为殖民地的主流语言。反映大洋航行的艺术品也层出不穷，它们描绘了航行海上的各式船舰，展现各个时代发生在海上的探索、贸易和战争等场景。

一、瓷盘类

帆船纹盘

18 世纪
高 4 厘米、口径 30 厘米、底径 18 厘米
中国航海博物馆藏

英国航海艺术瓷盘

中国航海博物馆藏

中国航海博物馆藏

二、油画类

《帆船启航》

18 世纪
长 96 厘米、宽 84 厘米
布面油画
中国航海博物馆藏

《加拿大"Furnessia"号蒸汽船航行》

19 世纪
长 73 厘米、宽 56 厘米
布面油画
中国航海博物馆藏

《美国商船离开维多利亚港》

19 世纪晚期
长 118 厘米、宽 90 厘米、高 6 厘米
中国航海博物馆藏

《上海外滩》

19 世纪中期
长 89 厘米、宽 57 厘米、高 4 厘米
中国航海博物馆藏

《招商局收购美商旗昌轮船公司》

长 4.8 米、宽 2.8 米
殷雄
中国航海博物馆藏

该画描绘了中国近代航运业发展史上具有转折性意义的事件——1877 年招商局收购曾垄断我国长江航线的美商旗昌轮船公司。这是中国企业第一次通过商业竞争并购外国企业，直接从外商手中收回部分中国江海航运利权的历史性事件。本画选取谈判场景入手创作，以此来表现洋务运动背景下民族航运企业收购外商轮船公司的宏大主题。

三、其他类

"救生圈"木刻

19 世纪晚期
长 35 厘米、宽 22 厘米、高 2 厘米
中国航海博物馆藏

美国海员纪念远航中国木刻

20 世纪早期
长 34 厘米、宽 23.7 厘米、高 2.3 厘米
中国航海博物馆藏

中式船图通草画册（复制品）

19 世纪
单幅长 23 厘米、宽 18 厘米
中国航海博物馆藏

　　该图集选自中式通草画册中的 9 幅船画，
呈现了各式各样的中式船只。

德国舰船彩色版画集

1940 年
单幅长 38 厘米、宽 29 厘米
中国航海博物馆藏

　　集中呈现了 18 世纪中叶以来德国
船只制造工业的发展过程及成就。

英国海军风帆战列舰队版画

19 世纪中期
长 76 厘米、宽 56.5 厘米
中国航海博物馆藏

版画描绘了三艘风帆战列舰，分别是"TERRIBLE"号和"NEPTUNE"号两艘74门炮风帆战列舰以及"SEVERN"号一艘50门炮风帆战列舰，反映当时西方战船的面貌。

羊毛勾缝帆船画

19 世纪晚期
长 69 厘米、宽 43 厘米
中国航海博物馆藏

　　由一名英国水手在约 1866 年创作，用羊
毛线缝钩在航海帆布上。

马尼拉湾战役刺绣丝绸画

1898 年
长 103 厘米、宽 90 厘米
中国航海博物馆藏

马尼拉湾战役是美西战争的第一场战斗，于 1898 年 5 月 1 日在菲律宾马尼拉湾展开。战斗中，美国海军亚洲舰队重创西班牙太平洋舰队。西班牙方有近 400 名水手遇难，10 艘西班牙军舰被击毁，而美国海军只有 6 人受伤。

鲸齿刻纪念挪威捕鱼船只出海摆件

19 世纪
长 41 厘米、宽 5.5 厘米、高 3.5 厘米
中国航海博物馆藏

鲸齿烟斗

19 世纪
长 14 厘米、宽 8 厘米、高 4.5 厘米
中国航海博物馆藏

鲸齿刻船艏像摆件

19 世纪晚期
长 15 厘米、宽 8 厘米、高 5.5 厘米
中国航海博物馆藏

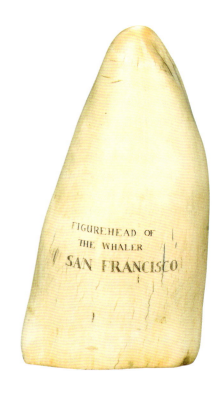

鲸齿刻人物风景图摆件

19 世纪早期
长 16 厘米、宽 6.5 厘米、高 5 厘米
中国航海博物馆藏

鲸齿滚刀

19 世纪中期
长 16 厘米、宽 5.5 厘米、高 2.5 厘米
中国航海博物馆藏

鲸齿刻花卉人物图摆件

19 世纪中期
长 34 厘米、宽 8 厘米、高 3.5 厘米
中国航海博物馆藏

鲸齿刻人物图摆件

19 世纪中期
长 19 厘米、宽 11 厘米、高 11 厘米
中国航海博物馆藏

鲸齿刻航海图摆件

19 世纪中期
长 14 厘米、宽 4 厘米、高 5.5 厘米
中国航海博物馆藏

鲸齿刻穿长袍的罗马男性摆件

19 世纪
长 17 厘米、宽 8 厘米、高 5.5 厘米
中国航海博物馆藏

4.1.3 科学技术

　　大航海时代促进了科学技术的交流。欧洲人将科技带到世界其他地区，同时也吸收了其他地区的科技。故宫藏有与西学相关的科技文物两千余件，分为天文学、数学、物理学、地理学、机械钟表及医学等六大类，包括天体仪、地球仪、浑仪、晷仪、望远镜等。

铜镀金浑天合七政仪

18 世纪
通高 38 厘米、上盘直径 36.8 厘米、
下盘直径 31.1 厘米
故宫博物院藏

紫漆描金花反射望远镜

清中期
长 81 厘米、筒径 11.5 厘米、物镜径 10.2 厘米、
目镜径 3 厘米、附三角形支架高 51 厘米
故宫博物院藏

4.2 蒸蒸日上

　　大航海时代的探索精神激励着世界各国对海洋未知领域的探索。我国在深海、极地等领域的探索水平已位居世界前列，为人类科学技术发展做出重要贡献。南方科技大学自主研制的我国第一台现代宽频带海底地震仪——磐鲲，是具有国际领先技术、完全自主产权的真正意义上的宽频带海底地震仪，表明我国在深海海域地震仪的高端研发技术方面取得了重要进展。

大洋一号

我国第一艘现代化综合性远洋科学考察船，于2006年完成了我国首次环球大洋科考任务。可开展海底地形、重力和磁力、综合海洋环境、海洋工程以及深海技术装备等方面的工作。

雪龙号

中国第三代极地破冰船和科学考察船，1994年首航南极中山站。设有大气、水文、生物、计算机数据处理中心、气象分析预报中心和海洋物理、海洋化学、生物、地质、气象和洁净等一系列科学考察实验室。

中山大学极地号

我国高校首艘、国内第三艘具备极地科考能力的破冰船，具备走航气象数据采集、走航地球重磁场探测、水下 500 米海洋剖面观测、深海 6000 米海水取样分析等能力。

蛟龙号

我国首台自行设计、自主集成研制的载人潜水器，最大作业深度达七千米，主要在海山、洋脊、盆地和热液喷口等复杂深海环境执行科学考察。

深海勇士号

作业能力达到水下 4500 米，是我国第二台深海载人潜水器，实现了我国深海装备由集成创新向自主创新的历史性跨越。

海洋贸易与海洋执法是当代海洋发展、推进海洋强国的重要方面。我国集装箱吞吐量长期出于世界前列。2022 年，深圳港集装箱累计吞吐量首次突破 3000 万标箱大关，连续十年位居全球前四。深圳港港口建设和规模也长期保持世界领先水平。

作为深圳建设全球海洋中心城市的重点项目，深圳 3000 吨级海洋维权执法船"中国渔政 44002"已于 2023 年 5 月 24 日正式下水，预计于 2023 年 10 月交付使用。入列后该船将积极参与国家海洋维权活动，对海洋渔业违法行为进行调查、取证和处理，兼顾海洋维权宣教和国防教育任务。

蛇口港

盐田港

深圳 3000 吨级海洋维权执法船

"磐鲲"宽频带海底地震仪

长 1.2 米、宽 0.8 米、高 1.5 米
南方科技大学藏

　　"磐鲲"是全新一代宽频带海底地震仪，是最具战略意义的海底探测设备，其数据可以监测天然地震活动，又可用于对海底浅部地层进行成像，探索地球内部构造运动，进行地震发生机制和海啸灾害防御相关的研究。

"磐龟"短周期海底地震仪

长 72 厘米、宽 37.5 厘米、高 42 厘米
南方科技大学藏

　　"磐龟"短周期海底地震仪广泛应用于海底浅部地层成像，揭示海底岩层的产状和属性，服务于石油和天然气、海底矿产和可燃冰等未来能源的勘探与开发工作。

结 语

　　曾经，在大航海活动中发现的新航路，使得世界联通为一个整体；今天，我们在此回顾人类曲折漫长的航海历程与光辉灿烂的航海成就；未来，我们将更加满怀信心探索航海科技，助力海洋强国建设，"扬帆新丝路，奋楫新格局"。

Conclusion

In the past, the new sea routes discovered during the Great Voyages of Exploration brought the world together; today, we are looking back on humankind's arduous and wide-ranging maritime ventures and brilliant feats of navigation; in the future, we will explore navigational science and technology more confidently, helping to make our country into a strong maritime power, "sailing a new silk road, and pursuing a new paradigm".

展览总结

同舟共济，乘风破浪

———

"海阔天空——联通世界的大航海活动"展览的策划

"海阔天空——联通世界的大航海活动"展览由深圳博物馆和上海中国航海博物馆联合主办，宁波中国港口博物馆、中国（海南）南海博物馆和南方科技大学协办，于 2023 年 7 月 11 日（第 19 个中国航海日）至 10 月中旬，在深圳博物馆古代艺术馆展出。展览展出了 15 至 19 世纪来自五大洲 20 余国的 265 件 / 套展品，包括海图、星盘、八分仪等珍贵文物，还原了大航海时代的风貌，讲述了大航海时代及其后期助力远航的科学技术、改变格局的海上战争、流通的物资贸易和兴起的海洋艺术。展览广受欢迎，在场馆限流的条件下，有 23 万余人次观看了展览。展览推出配套特色宣传教育活动 16 场，包括夜场音乐会、快闪秀、围读分享、航海影院、主题研学、专家讲座、策展人导赏等，深受观众喜爱。展览宣教活动总数达 274 场，是深圳博物馆史上宣教活动数量最多、种类最丰富的展览。展览网络曝光量超过 880 万，新华社、央视总台大湾区之声、中国国际电视台、深圳特区报、深圳晚报、南方都市报等 20 余家媒体和栏目都对展览进行了报道。

展览策划实施过程启用了全新机制——策展人制度。该制度的核心是由策展人组建策展团队，展陈设计和宣教活动与展览大纲同步策划，形成互相反馈的有机整体。这有别于传统策展模式，即由展览大纲到展陈设计，再到宣教活动设计的单向流程。在策划实施展览过程中，从内容到形式再到宣教活动设计都是在馆领导的大力支持和指导下，整个团队群策群力的结果。展览在选题、内容、展陈和宣传教育活动方面的特色及亮点如下。

一、选题立足城市地缘与城市发展愿景

深圳拥有 7000 年海洋经济发展史和 600 多年海防史，海洋经济一直是这座城市发展的底

303

色。近年来，深圳发展目标是建设全球海洋中心城市。深圳博物馆肩负展示深圳城市历史和未来的使命。为了让公众更多地了解海洋、关心海洋，策展团队选择世界航海史作为展览主题，意图通过讲述世界航海历程及其影响，让公众了解如今海洋格局乃至世界格局的由来及未来海洋事业的发展方向。

展览介绍了 15 至 19 世纪东西方的几次著名的大航海活动、其背后的科技因素及大航海活动对世界的影响。为紧密贴合主题，展览选择在 7 月 11 日中国航海日，也是郑和下西洋首航纪念日当天开幕，希望公众可以缅怀郑和的伟大航海历程，同时受到他航海精神的激励，在各行各业都能乘风破浪，勇往直前。

二、展览内容因地制宜，展览线索中西并行

由于展览设在深圳博物馆古代艺术馆展出，展陈设计和内容策划先天存在空间切分的难点。展览总面积为 1000 平方米左右，但是展厅是由面积依次为 180、330、180、330 平方米的独立的四个展厅组成。展览内容设计必须结合展陈空间来考虑，既要有清晰的逻辑线条，又要考虑到展览空间的分割及各部分的展品数量。综合这些因素，策展团队将展览内容设置为四个单元，讲述四个方面的故事。第一单元"扬帆远航"介绍大航海时代世界各国著名的大航海活动；第二单元"航海利器"介绍航海科技发展和东西方船舶发展史等；第三单元"海上风云"介绍海上利益冲突带来的海战及中国人民抵御西方殖民侵略斗争的首战——发生在今深圳地区的屯门海战等；第四单元"异域同天"介绍大航海活动带来的世界在各方面的融合及当代航海科技的发展。

考虑到中国航海博物馆的此批文物近年来展出过，策展团队一直思考如何将展览做出深圳特色。结合深圳地缘特点和城市历史，策展团队选择在内容上增加中国航海发展线索，将原有单一的欧洲航海史线索扩充为中西对比两条线索，同时将展览时间下限扩展至当今，使得展览形成古代与当代的时间维度和欧洲与中国的空间维度对比。由此，策展团队扩充了反映在地性

和时代特色的展品。在上海中国航海博物馆展品主体之外，补充了宁波中国港口博物馆、中国（海南）南海博物馆、南方科技大学和本馆的藏品，以扩充中国和当代航海发展的内容。

三、沉浸展示，创意拓展

囿于航海主题，该展览展陈设计是个命题作文，必然紧扣海洋元素。如何在有限框架下设计出新意，是策展团队面临的又一难题。

策展团队将航海意象贯穿整个展览设计，让观众有海上航行的沉浸式体验，将展厅打造成一艘即将远航的船。展板及各个场景采用古代帆船的风帆、船舵、缆绳等元素及海浪声效，全方位营造一种氛围感。开幕式启动装置设计为一搜扬帆起航的船，通过人力可以把船帆拉起，也标志着为期三个月的展览的开启。在第一单元入口处，设置了取船票处，每个月的船票不同，共四款，可拼成展览标题"海阔天空"。这让观众有登上船，开启旅行之感。在第二和第三单元，分别呈现了船舱和甲板，复现了海上生活的场景。第四单元结尾处灯塔造型的留言板，提示观众船已经靠岸了，完成了整个航行。

展陈设计在带给观众美的享受的同时，也加入了很多互动式体验装置，增加趣味性，寓教于乐。第三单元的船模集中展示区和第四单元的纹章瓷展示区分别设置了深圳光子晶体科技有限公司提供的透明屏幕和 AR 展柜，其中的数字讲解员会自动讲解文物历史，并且可以用对比展示其他文物的方式，突出文物特点。第二单元的国际旗语也用透明屏幕播放动画的方式展示了旗语的使用方法，节奏感很强，小朋友们竞相模仿。在它附近的船型旗语翻翻乐，是一种机械活动装置，翻板的正反面分别展示了旗语的式样和它代表的意思，深受小朋友们喜欢。第四单元设置了教育活动空间，播放了深圳职业技术大学数字创意与动画学院为展览制作的创意动画，观众纷纷惬意地席地而坐，宛如置身于海边。展览结尾处设置的留言板上贴满了观众对展览的观后感，这种反馈对我们既是鼓励，也为我们未来的展览提升指明了方向。（虚拟展厅和展厅视频可扫描书末二维码查看）

305

四、突破常规模式，创新宣教活动

宣传教育活动的创新和多元是整个展览最具特色之处。展览宣教活动策划理念是"海纳百川，展不设限"，即以一场大型、新颖、参与度高的活动为主，以多场中小型特色活动为辅，以"听、看、演、读、研"五感贯穿，全方位让观众感受展览传达的知识和精神。

"听，海的声音"音乐会：策展团队选择与深圳交响乐团合作在开幕式当天夜场，举办"听，海的声音"弦乐四重奏主题音乐会。在开展前两周，策展团队通过微信公众号发布投票"征集令"，以"海洋""航海"为主题，让市民观众投票选出音乐会曲目，提升大家的参与度，同时也为展览预热。演奏会紧扣展览四个单元，曲目涵盖古典、流行、影视金曲等。当一代人青春记忆的 Beyond 乐队《海阔天空》旋律响起，引发了全场大合唱。在那一刻，我们感受到的不仅有观众与歌曲的共鸣，也有观众与展览的共鸣，更有观众与博物馆人的共鸣。这是深圳博物馆首次在馆内举办音乐会，这是一次尝试，更是一次创新，使展览与音符碰撞，将视觉与听觉联通。

"看，风起云涌"航海影院：海洋是多面的，既有风云诡谲，亦有风平浪静，许许多多的故事沉浮在波涛之中。为了能让观众更好地了解海上生活，策展团队选取航海主题影片，举办观影会，通过形象可感的方式让青少年了解航海家们的勇敢。

"演，海上生活"快闪秀：策展团队邀请深圳市盲人协会的小朋友和明眼人小朋友一起扮演世界著名航海家，在讲解员讲解展览的同时，穿插表演航海家的故事，希望小朋友们受到航海家精神的激励，在生活中也乐观向上、积极进取。

"读，绘声绘色"围读分享：策展团队邀请深圳市盲人协会的小朋友和明眼人小朋友一起读同一本航海书籍的盲文版本和普通版本，了解古代如何制造大船和海上生活的注意事项，希望小朋友们更多地了解科技是如何推动大航海活动的。

"研，星辰大海"行走深圳海岸线研学：实践出真知，为了让观众能到海边切身感受海洋环境，学习相关知识，策展团队规划了两条研学路线。一、联系深圳市海洋综合执法支队，参观中国海监 9012 船舶甲板、会议室、驾驶台，让观众了解船上液压折臂吊机、消防水炮、海图机、舵机等设备装置的作用，还通过组织观看海洋综合执法宣传片、聆听海洋执法维权故事、知识游戏竞答等形式向市民展示海洋综合执法队伍守海护渔工作内容，进一步增进市民对海洋综合执法工作的理解和支持；二、联合深圳市方舟公益救援队、深圳市帆船帆板运动协会，带领观众前往大鹏新区南澳七星湾观看"第五届粤港澳大湾区帆船赛（深圳站）"比赛，通过策展人介绍展览概况，专业老师普及救援知识和基本方法，让市民观众了解帆船与海洋的相关知识，懂得保护海洋环境的重要性。

此外展览还配套有专家讲座和策展人导赏等宣教活动。其中南方科技大学杨挺教授的讲座《磐鲲：在海底倾听大地之声》讲述了该校自主研发的具有国际领先水平的宽频带海底地震仪磐鲲的故事，使得在场观众为我国海底探测技术的发展深感自豪，讲座后观众久久不散，踊跃提问，互动问答持续近一小时。

得力于馆领导支持，策展团队充分发动社会公益力量参与展览，联系了 15 家以上的机构，促成了与其中 11 家的合作。在馆企合作方面，深圳光子晶体科技有限公司无偿提供了透明屏、透明电视和 AR 展柜。在馆校合作方面，深圳职业技术大学数字创意与动画学院为展览制作动画。深圳海洋综合执法支队、深圳市方舟公益救援队、深圳市帆船帆板运动协会为展览提供行走深圳海岸线研学活动支持。深圳市盲人协会的小朋友参与了快闪秀和围读分享，在这两类活动中，盲人小朋友和明眼人小朋友都是一起表演，一起阅读。我们相信大海是属于每一个人的，博物馆也是，我们希望能把博物馆的资源和关爱给到更多群体。在展览后期，深圳市地铁集团有限公司在特定站台和大屏幕上投放了展览宣传视频和电子海报，用新的渠道拓宽了展览的知名度。策展团队以此次展览为契机，促成了我馆与深圳职业技术大学、深圳市地铁集团有限公司、深圳交响乐团等单位的长期合作。（展览宣教活动集锦可扫描书末二维码查看）

307

该展宣教活动策划创新之处为：1. 宣教活动与展览大纲同步策划，相得益彰，互为表里，形成一个有主题、有递进的系列活动，逐步将展览推向高潮；2. 宣教活动策划考虑到展前、展中、展后三个时间阶段，有效地形成了展览的辐射式传播，更好地持续增加观众与博物馆的粘合度；3. 普遍联系，重点筛选，引入社会资源合作办展；4. 大胆创新，敢想敢试，举办的音乐会、围读会、研学活动等在我馆均属首创。

展览的策划与运营需要多方配合。策展团队非常感谢我馆领导在展览筹备和实施的各个环节中的大力支持和指导，使得我们的策划方案能够有条件落地实施；非常感谢我馆各个部门的配合，尤其像音乐会这种大型活动是依靠全馆各个部门同事的全力配合，才得以圆满完成。我们也由衷感谢各个合作单位的鼎力支持。

这是我馆策展人制度下的首个展览，对我们策展团队来说，既是机遇，也是挑战。从2022 年 2 月末展览开始筹备，到 2023 年 10 月末展览撤展完毕，展览是整个策展团队一直以来，互相激发创意灵感，不遗余力地团结协作的结果。今后，我们会努力策划出题材更新颖、配套宣教活动更多样的展览，让更多观众愿意走进博物馆，了解文物讲述的广阔世界。

海阔天空策展团队

展览开幕式启动仪式。从左至右依次为：宁波中国港口博物馆副馆长毕显忠，上海中国航海博物馆副馆长陆伟，深圳博物馆馆长黄琛，欧洲科学院院士、南方科技大学讲席教授、深圳海洋大学筹建负责人林间

深圳博物馆杜鹃副馆长（左九）与策展团队成员及开幕式快闪秀小演员合影

策展团队全体成员。从左至右依次为张旭东、王晓晨、饶珊轶、张之禾（实习生）、李百乐、王文丽、赖聪琳、周庭熙

展览开幕式夜场音乐会

用于海上导航的罗盘、罗经等仪器

透明电视展示国际通用手旗旗语动画

国际旗语翻翻乐互动装置

体现大航海时代物资流通的银器、漆器等器物

展厅宣教活动空间

结 语

曾经，在大航海活动中发现的新航路，使得世界联通为一个整体；今天，我们在此回顾人类曲折漫长的航海历程与光辉灿烂的航海成就；未来，我们将更加满怀信心探索航海科技，助力海洋强国建设，"扬帆新丝路，奋楫新格局"。

Conclusion

In the past, the new sea routes discovered during the Great Voyages of Exploration brought the world together; today, we are looking back on humankind's arduous and wide-ranging maritime ventures and brilliant feats of navigation; in the future, we will explore navigational science and technology more confidently, helping to make our country into a strong maritime power, "sailing a new silk road, and pursuing a new paradigm".

留言墙

围读分享活动

行走海岸线研学：参观中国海监 9012 船

行走海岸线研学：观看"第五届粤港澳大湾区帆船赛（深圳站）"比赛及参加相关活动

深圳大学海洋艺术研究中心学术总监梁二平教授做题为《世界名画中的大航海》的讲座

南方科技大学海洋科学与工程系教授杨挺做题为《磐鲲：在海底倾听大地之声》的讲座

策展团队负责人李百乐为观众导赏展览

航海影院

赴鸦片战争博物馆调研展览

赴深圳职业技术大学数字创意与动画学院调研

策展团队赴第十九届中国（深圳）国际文化产业博览交易会考察

与深圳地铁集团有限公司洽谈合作

与深圳光子晶体科技有限公司洽谈合作

策展团队 参与调试透明电视

策展团队走访调研南方科技大学海洋科学与工程系

策展团队讨论展陈设计方案

展览协调会议

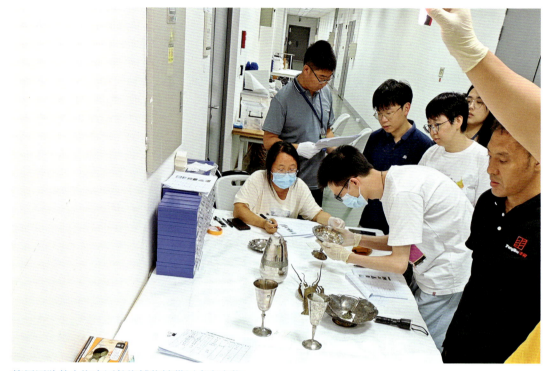

策展团队赴上海中国航海博物馆借展点交文物

策展团队赴中国（海南）南海博物馆借展点交文物

策展团队赴宁波中国港口博物馆借展点交文物

323

策展团队赴宁波中国港口博物馆还展点交文物

策展电子资源

展览虚拟展厅

策展人导赏

展览宣教活动

郑和七下西洋

国际通用手旗旗语

"奋进"号与库克船长

纹章瓷

扬帆起航

人生海海 深博相遇

图录编辑委员会